# 19세기 일본지도에
# 독도는 없다

Map Trade의 역사를 통해 보는 독도 발견사

# 19세기
# 일본지도에
# 독도는 없다

이 상 균 지음

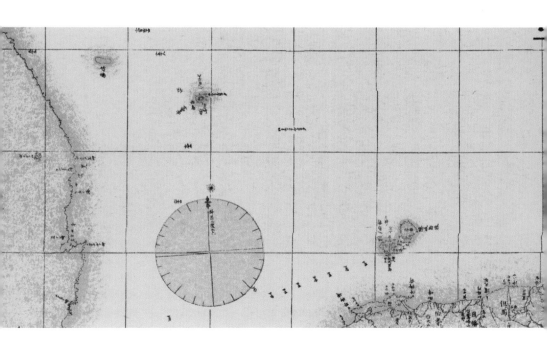

BOOK STAR

(표지 사진 설명)

앞표지의 지도는 1867년에 일본 해군성이 영국 해군성 지도를 모사하는 과정에서 전통적으로 일본에서 인식하고 있던 독도의 명칭인 송도(松島)를 다른 섬(울릉도)에 표기했던 반면, 독도 명칭은 일본에서 부르던 명칭이 아닌 프랑스식 발음을 일본식으로 바꾼 량코도로 표기하였다. 결국, 일본은 근대식 지도 제작 과정에서 독도의 실체를 망각하는 오류를 범하였던 것으로 오늘날 일본이 주장하는 독도에 대한 고유 영토론의 모순을 상징적으로 보여준다.

뒷표지의 지도에는 18세기 후반에 영국의 무역선 아르고노트호가 한반도 동해상에서 사고를 당한 지점과 항해 루트, 그리고 아르고노트 섬이 표현되어 있다. 아르고노트호가 발견했다는 의문의 섬은 19세기 중반에 일본에서 독도 인식의 오류가 발생하게 되는 근본적인 요인을 제공했던 것이다.

## 프롤로그

울릉도와 독도는 오래전부터 한민족의 영역에 속해 있었으며, 한국인들의 생활 공간이었다. 그러나 일본인들의 불법 도해는 끊이지 않았으며, 그때마다 조선의 백성들과 관리들이 침입자들을 쫓아내고 우리의 영토를 지켜왔다.

예컨대 17세기 말 일본 어부들이 불법적으로 울릉도와 독도에 건너가 해산물을 채취하고 목재를 벌목하는 일이 빈번해지자, 안용복과 같은 조선의 어부들은 일본인들의 불법 도해에 항의하다 일본에 피랍되기도 하였고, 일본 정부를 상대로 이러한 문제를 지적하고 울릉도와 독도가 조선의 영토임을 확인하기 위해 일본으로 직접 건너가기도 하는 등 우리의 해양 영토를 스스로 지켜왔으며, 조선의 정부 또한 정기적으로 울릉도에 수토사들을 보내 이들 섬에 대한 조선 왕실의 영유 의지를 명확하게 표현하였다.

한편 일본의 태정관 지령이 울릉도와 독도의 영유권 문제에 대한 일본 측 입장을 명확하게 보여주고 있음에도 불구하고, 오늘날 일본 정부는 일본의 고유 영토론을 주장하는 등 독도에 대한 도발의 수위는 점점 더 고조되고 있다.

일본 정부는 독도 영유권의 문제를 한일 간의 갈등 양상으로 몰고가서 결국, 국제사법재판소 등 제3의 기구를 통해 문제를 해결하겠다는 입장이지만, 누가 보더라도 과거에 일본이 독도를 조선의 영토로 인정했다거나, 일본이 이 섬을 제대로 인식하지 못했다는 결정적인 증거가 제시된다면, 지금처럼 역사를 왜곡하는 비신사적인 행태를 오래 지속하기는 쉽지 않을 것이다.

그렇다면 독도 영유권 이슈는 한일 양자 간에만 국한되는 문제인가? 그리고 독도 영유권에 관한 논쟁은 동아시아 또는 극동에만 한정되는 특수한 문제인가? 외부 세계에서는 이 문제를 어떤 시각으로 보고 있나?

이 책에서는 19세기 동안에 일본이 독도를 제대로 인식하지 못했던 정황을 Map Trade의 역사를 통해 파헤치고자 한다. 그렇다면 이 책에서는 왜 19세기를 주목하고자 했나?

19세기는 동서양의 만남과 교류가 극대화되던 시기로서 탐험과 항해를 통해 지도 제작이 완성되던 시기이다. 한편 일본은 19세기 초부터 본격적으로 세계지도 제작에 발을 들여놓았으며, 서구의 지도 제작 전통을 적극적으로 받아들이기도 하고, 일본에서 생산된 지리 정보를 서구 세계에 보급하기도 하였다.

또한, 19세기는 우리가 살고 있는 현대사회와 가장 가까운 과거이며, 전통사회와 현대사회 그리고 서구 세계와 동아시아 세계를 연결해 주는 통로이기도 하다. 따라서 소용돌이치는 19세기의 극동 상황을 제대로 파악할 수 있다면, 독도 영유권 문제와 관련된 일본의 일방적인 억지 주장은 힘을 잃게 되리라는 확신이 들었다.

울릉도와 독도가 위치해 있는 해상 공간은 일찍이 서구인들의 관심 대상이 되었으며, 항로상의 이정표로서 또는 지정학적인 측면에서 그 중요성과 가치는 점점 더 부각되었고, 19세기 극동의 상황은 지도 제작에도 비중 있게 반영되었다.

한반도 동해상의 섬들에 관한 정보는 1717년에 청나라에서 제작된 「황여전람도」에 반영되어 프랑스로 전해졌으며, 20년 후인 1737년에 프랑스 왕실에서 프랑스어 버전으로 다시 제작되었고, 곧이어 각국의 언어로 번역되어 유럽과 전 세계에 전파되었다.

18세기 후반, 영국과 프랑스 등 해양 강국들은 중국을 통해 입수한 극동에 관한 지리 정보를 바탕으로 본격적인 극동 탐사에 나섰다. 기존 지도에 미처 수록되지 않았던 지리 정보는 탐험을 통해 직접 확인한 후 지도에 새로 추가되었고, 지도상에는 있으나 실제로는 존재하지 않는 섬들에 대해서는 지도에서 삭제하는 등 19세기를 지나는 동안 극동에 관한 지리 정보는 점점 더 완결도가 높아졌다. 이러한 과정에서 영국, 프랑스, 독일, 러시아, 미국 등의 국가들을 중심으로 지리 정보는 활발하게 유통되었으며, 탐험가들의 증언은 곧바로 지도 제작에 반영되었다.

일본은 세계지도 제작 과정에서 영국 등 서구의 지도 제작 전통과 기법을 적극적으로 수용하였는데, 그러한 과정에서 일본은 치명적인 오류를 범하게 된다. 예컨대 영국의 상선 아르고노트(Argonaut)호의 극동 항해 이후, 지도상에 잘못 표현되었던 의문의 섬 아르고노트를 일본에서 그대로 따라 그리는 과정에서 울릉도를 아르고노트 섬에 비정하고, 독도를 다즐레(울릉도)에 비정하는 실수를 범하였던 것이다.

결과적으로 일본에서는 19세기 동안에 독도를 지도상에서 누락시키는 오류를 범하였으며 한동안 그러한 상태가 유지되었는데, 1904~1905년 무렵 러일전쟁 시기에 독도에 대한 지정학적 중요성이 부각됨에 따라 일본에서는 독도의 위치 및 명칭과 관련된 일대 혼란이 야기되었다.

1905년에 일본은 돌연 독도를 시마네현에 다케시마(竹島)란 명칭으로 불법 편입시켰지만, 사실 다케시마는 일본에서 전통적으로 울릉도를 가리키던 명칭이었다. 반면 일본에서는 독도를 마쓰시마(松島)로 알고 있었는데, 19세기 동안의 일대 혼란을 계기로 울릉도 명칭이 마쓰시마가 되고, 독도 명칭은 다케시마가 되는 웃지 못할 일이 벌어졌던 것이다.

19세기 내내 일본에서는 독도에 대해 명확히 인식하지 못하였으며, 1905년에 이르러 허둥지둥 엉뚱한 이름으로 독도를 그들의 영토라고 불법적으로 편입시키는 일을 저지르고, 오늘날 이 섬이 그들의 고유 영토라고 억지 부리고 있는데, 이 상황을 어찌 보아야 할 것인가?

독도가 한국 땅이냐, 일본 땅이냐의 문제를 한일 양국 간의 갈등 양상으로 국한시켜 볼 것이 아니라, 세계 교류사, 항해사, 지도 제작의 역사적 측면에서 보편적인 테마로서 다뤄질 필요가 있으며, 이 섬의 영유권에 관한 의문은 Map Trade의 역사를 통해 명쾌한 해답을 찾을 수 있으리라 확신한다.

이 책은 독도 연구자들뿐만 아니라 지리학(지도학), 역사학(사상사, 교류사, 해양사), 정치학을 전공하신 분들한테도 영감과 새로운 아이디어를 제시해 줄 수 있으리라 생각한다.

끝으로 이 책의 개정판 출간을 허락해 주신 박정태 회장님과 정성껏 책을 만들어 주신 임직원들께 감사드린다.

2021년 6월
이상균

# CONTENTS

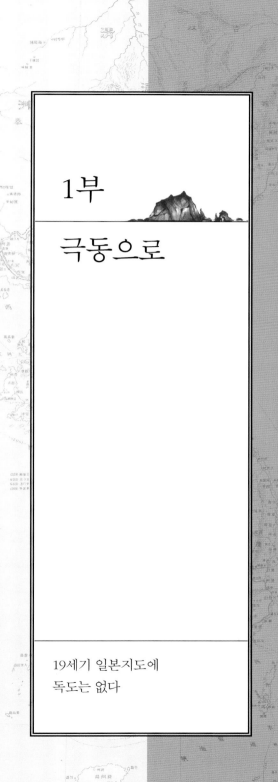

# 1부

## 극동으로

19세기 일본지도에
독도는 없다

# 1장

## 미지의 세계

### 1. 1700년 이전, 서구 세계의 극동 인식

오늘날의 동아시아는 서구에서 극동이라 불렸을 정도로 아주 멀고도 아득한 미지의 세계였다. 더욱이 한국은 중국이나 일본에 비해 더 늦게 까지 외부 세계에 알려지지 않은 나라였다. 우리가 김치로 즐겨 먹는 배추를 프랑스에서는 Chou chinois(중국 배추)라고 부를 정도로 서구 세계에서는 중국이 동아시아의 대표 국가인 것처럼 인식되었던 반면, 우리가 먹는 양배추 또한 배추라는 이름 앞에 양이라는 접두사가 붙어 있을 정도로 동서양의 세계는 명확하게 구분되어 있었으며, 개별 국가들에 대해서는 오랫동안 서로 잘 모르고 있었다.

이 책의 첫 번째 장에서는 17세기 무렵에 유럽에서 제작된 세계지도를 통해 당시 유럽 사람들이 알고 있었던 동아시아 및 한국에 대한 인식의 정도를 살펴본 후에 조선 시대에 한국에서 제작된 세계지도를 통해 당시에 한국과 동아시아에서 인식하고 있었던 외부 세계에 대한 인식의 정도를 살펴보고자 한다.

[그림 1-1] 17세기 중반, 이탈리아의 한국 인식

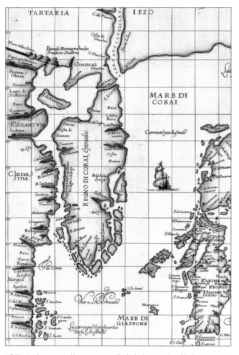

자료: Robert Dudley, 1649, 아시아지도, Italy, 한반도 부분도.

17세기 중반에 이탈리아에서 제작된 아시아 지도를 보면, 한반도는 섬으로 표현되어 있다. 이 지도를 제작한 로버트 두들리(Robert Dudley. 1574~1649)는 영국 출신이었는데, 이탈리아에서 활약한 지도제작자였다. 두들리는 1606~36년 사이에 지도를 제작하였는데, 그의 지도들은 1646년과 1647년에 출간된 세계 최초의 해양 아틀라스『바다의 비밀(Arcano del Mare)』에 수록되었다. 이 지도책에 수록된 지도는 최초로 메르카토르 투영법이 적용되었고, 해도의 특성상 주로 해안선 위주로 표현되었던 반면, 내륙은 상세히 표현되지 않았다. 이 지도에서 한국의 동해는 '한국해(MARE DI CORAI)'로 표현되어 있다.

한편, 한국에 관한 정보는『하멜 표류기』를 통해 처음으로 서유럽에 전해졌다. 네덜란드인이었던 헨드릭 하멜(Hamel. Hendrik)은 네덜란드 동인도회사 소속의 무역선 스페르베르(Sperwer)호를 타고 1653년 1월에 네덜란드를 출발하여 일본의 나가사키로 가던 도중 심한 폭풍우를 만나 같은 해 8월 중순 무렵 제주도 대정현 차귀진 인근 해안에 표착하였다. 하멜은 14년간 제주도, 한양, 강진, 여수 등지로 끌려다니며 고된 세월을 보냈는데, 1666년 9월에 동료 7명과 함께 배를 타고 조선을 탈출하여 일본의 나가사키로 건너간 후, 1668년 7월에 네덜란드로 귀국하였다.

[그림 1-2] 『하멜 표류기』(1668년)에 수록된 아시아 지도

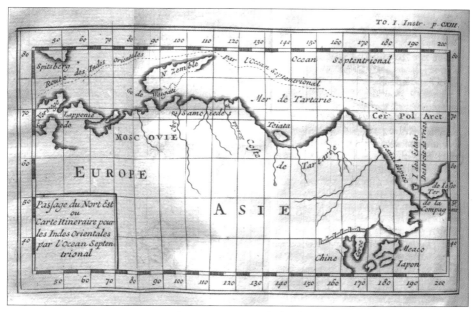

자료: Bernard, Jean-Frédéric éd., 1725, Recueil de voyages au Nord, contenant divers mémoires très utiles au commerce & à la navigation, Library of Congress.

그가 본 한국의 실정과 풍속은 1668년에 출간된 『하멜 표류기』를 통해 서유럽에 전파되었다.

『하멜 표류기』에 수록된 당시의 아시아 지도를 보면 동아시아와 한국 이 유럽인들에게 거의 알려지지 않았던 것으로 파악된다. 중국 대륙에 는 중국이라는 명칭과 만리장성 표시가 전부였고, 한반도에는 한국이라 는 명칭 하나 표기된 것이 다였다. 그리고 일본 열도는 부정확하게 표현 되어 있다.

1670년에 프랑스에서 제작된 「아시아 지도」를 보면, 한반도의 형태
는 실제와는 많은 차이를 보일 정도로 부정확하게 표현되어 있다. 한국

[그림 1-3] 17세기 중후반, 프랑스의 아시아 인식

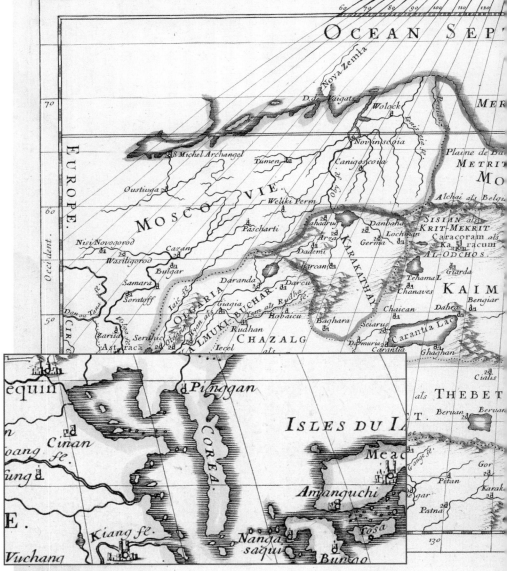

17세기 중후반, 프랑스의 한국 인식

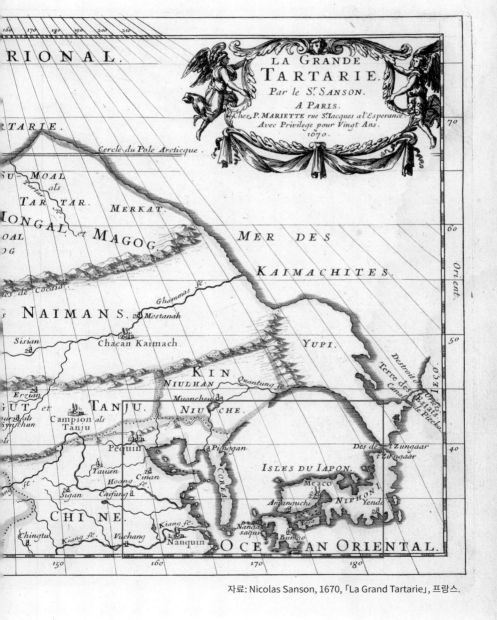

자료: Nicolas Sanson, 1670, 「La Grand Tartarie」, 프랑스.

[그림 1-4] 17세기 후반, 독일의 동아시아 인식

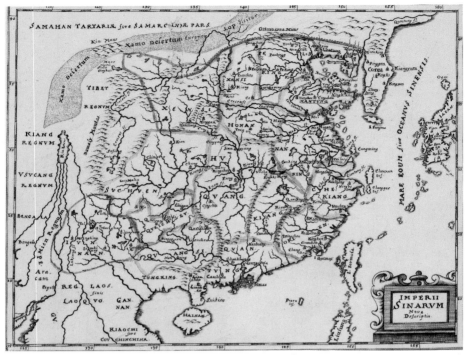

자료: Philipp Clüver, 1680, 「Imperii Sinarvm Nova Deseriptio」, 독일.

17세기 후반, 독일의 한국 인식

자료: Philipp Clüver, 1680, 「Imperii Sinarvm Nova Deseriptio」, 한반도 부분도.

(Corea)이라는 국가 이름만 겨우 표기되어 있을 정도로 한국에 관한 지리 정보는 극도로 소략하며, 말할 필요도 없이 동해바다 명칭이나 울릉도·독도와 같은 섬들에 관한 정보는 찾아볼 수도 없다. 심지어 이 지도에서는 한국과 중국의 국경마저 명확하지 않게 보인다. 황해(Yellow Sea)는 아직 지도상에 표기되지 않은 상태이며, 한국의 동해와 중국해는 지금처럼 각각의 명칭을 갖지 못하였으며, 동양해(Ocean Oriental)라는 명칭이 대표적으로 표기되어 있다.

이 지도를 제작한 상송(Nicolas Sanson)은 1650년경까지 한반도를 섬의 형태로 표현하였는데, 이 지도에서는 한반도가 반도로 표현되었다. 이 지도에 표현된 한반도 형태의 변화는 후리스(Maerten Gerritsz Vries. 1644년)의 탐사 결과로부터 비롯된 것으로 추정된다.

이어서 1680년에 독일에서 제작된 중국지도를 보면, 10년 전에 프랑스에서 제작된 지도에 비해 더 많은 지리 정보가 표현되어 있는 것을 알 수 있다. 예컨대 평안도, 경기도, 경상도 등의 도(道) 명칭이 표기되어 있고, 제주도의 명칭도 표기되어 있다. 한반도의 형태는 이전 지도에 비해 동서의 폭이 더 넓게 표현되어 있으나 북쪽의 경계는 표현되지 않았다. 바다 명칭은 동양해 대신에 중국해 명칭이 동중국해로부터 한국의 동해상에 이르기까지 표기되어 있는데, 이는 중국이 서구 세계에서 상대적으로 큰 나라로 인식되고 있었던 것을 반증하는 것으로 볼 수 있다. 이 지도에서 일본의 오키섬 명칭도 표기된 것이 눈에 띈다.

이 지도는 서양에서 제작된 최초의 중국지도로 알려져 있는데, 예수회 선교사 마르티노 마르티니(Martino Martini)의 『중국지도첩(Atlas Sinensis)』(1655)에 수록된 「아시아 지도」가 이 지도의 원형인 것으로 추정된다.

이렇듯 17세기 말까지 서구 세계에서는 동아시아에 관하여 제대로 잘 알지 못하였다. 그러다가 18세기 초에 이르러 청나라에서 제작된「황여전람도」가 프랑스 왕실로 보내지고, 이를 근거로 동아시아 지도는 각국의 언어로 제작·배포됨에 따라 18세기 전반부 동안에 동아시아에 관한 지리 정보는 전 세계에 폭발적으로 확산되었다. 이에 관한 논의는 제3장에서 구체적으로 다루고자 한다.

## 2. 조선왕조의 세계 인식

조선 시대에 한국에서는 외부 세계를 어떻게 인식하고 있었을까? 중화사상 또는 중화적 세계관이 말해 주듯이, 동아시아에서는 오랫동안 중국이 세계의 중심으로 여겨졌다. 그러다가 중화적 세계관은 19세기 말에 이르러 서구로부터 근대 문물이 도입됨에 따라 급격하게 붕괴되기 시작하였다. 앞에서 서구의 세계지도를 통해 당시 서구인들의 동아시아에 대한 지리 지식을 살펴본 것처럼 과거 한국인들의 세계 인식 또한 그 당시에 조선에서 제작되었던 세계지도를 통해 확인할 수 있다.

[그림 1-5] 조선에서 제작된 중국 중심의 세계지도

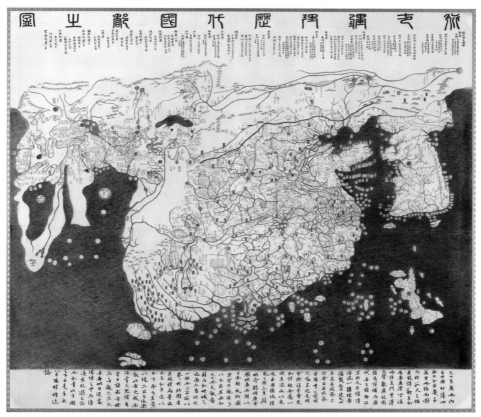

자료: 김사형·이무·이회, 1402, 「혼일강리역대국도지도」, 일본 류코쿠대학 소장.

1402년에 제작된 「혼일강리역대국도지도」는 현존하는 세계지도들 중 가장 오래된 것으로 조선왕조의 개국 초기에 국가적인 프로젝트로 제작되었으며, 조선 전기의 대표적인 세계지도라 할 수 있다. 이 지도는 당시에 중국, 일본 등지로부터 최신의 지리 정보를 입수하여 조선에서 새롭게 편집·제작되었다. 현재 일본에는 이 지도의 여러 사본이 남아 있는데, 한국의 서울대 규장각에 소장된 것은 일본 류코쿠(龍谷)대학에 있는 것을 모사한 것이다. 이 지도는 1992년에 미국에서 열린 '콜롬부스 신대륙 발견 500주년 기념 지도 전시회'에 출품되어 많은 찬사를 받기도 하였다.

「혼일강리역대국도지도」가 전 세계적인 관심을 끌었던 것은 이 지도에 표현된 공간이 동아시아를 넘어 중동, 심지어 아프리카, 유럽까지 포괄하고 있기 때문이다. 지도가 제작된 1402년을 전후한 시기에 유럽에서는 스페인, 포르투갈에 의한 대항해 시대의 막이 열리기 직전이었다. 그 당시의 세계지도는 종교적 세계관을 표현하고 있는 중세 유럽의 세계지도와 근세의 해도가 결합된 형식의 지도가 주류를 이루는 상황에서 당시 한국에서 제작된 「혼일강리역대국도지도」는 동서양을 막론하고 가장 뛰어난 지도 중의 하나로 볼 수 있다.

그 당시 지도 제작의 실무를 맡았던 권근에 의하면, "「혼일강리역대국도지도」는 중국으로부터 수입된 두 장의 지도(성교광피도와 혼일강리도)를 기초로 하고, 최신의 조선지도와 일본지도를 결합·편집하여 제작된 세계지도"라고 한다. 「성교광피도(聲敎廣被圖)」에는 중국 이외의 외부 세계가 자세히 그려져 있고, 「혼일강리도(混一疆理圖)」는 중국 역대 왕조의 강역과 도읍이 상세히 수록된 지도로서 「혼일강리역대국도지도」에 그려진 유럽과 아프리카 부분은 「성교광피도」의 내용을 근거로 표현된 것으로 볼 수 있는데, 「성교광피도」는 현존하지 않기 때문에 구체적인 정보는 알 수 없지만, 원나라 당시 이슬람 지도학의 영향을 받아 제작된 지도로 추정된다. 요컨대 이슬람 지도학적 전통은 동서양의 교류를 통해 중국으로 전파되었고, 중국에서 다시 조선으로 전해졌던 것이다(오상학, 2011).

이 지도에는 역사적으로 직접적인 교류가 거의 없었던 유럽 및 아프리카 대륙까지 표현되어 있는데, 이는 이슬람 지도학이 중국을 거쳐 조선에까지 영향을 미친 것으로 볼 수 있다. 100여 개의 지명이 표기된 유럽 지역과 35개의 지명이 표기된 아프리카 지역에 관한 정보는 원나라 시대 이전에는 볼 수 없었던 것들로서, 이러한 내용의 변화는 동서 교류를 통한 지리 정보의 확대와 지도 제작의 정교화의 측면에서 긍정적이고 발전적이라 보는 반면, 이 지도가 표현하고 있는 세계의 중심은 여전히 중국이고, 조선은 중국의 문화를 계승하는 소중화로 표현되는 등 전통적인 중화적 세계관 또한 여전히 반영되어 있다.

한편 18세기 후반에 조선에서 제작된 세계지도인 「천하도지도(天下都地圖)」이다. 이 지도는 본래 중국에 머물고 있던 예수회 선교사 알레니(Giulio Aleni, 1582~1649)가 제작한 세계지도를 바탕으로 조선에서 다시 그린 것으로 지도학적 가치가 대단히 크다 할 수 있다.

이 지도는 경위선이 비교적 명확하게 처리되어 있으며, 주요 대륙과 대양의 배치가 실제에 가깝게 표현되었다. 반면 중국의 『산해경』에 나오는 전설의 지명이 여전히 곳곳에 등장하고 있으며, 서홍해와 동홍해 등과 같이 대칭적이고 관념적인 지명도 표현되어 있다. 이때까지 남극 대륙은 미지의 세계로 표현되어 있다.

[그림 1-6] 18세기 후반, 조선의 세계 인식

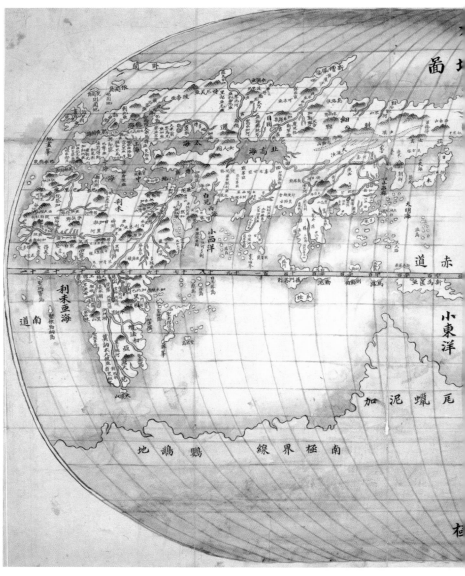

자료: 작자·연대 미상, 「천하도지도」, 18세기 후반, 서울대학교 한국학연구소 소장.

[그림 1-7] 천하도 지도의 동아시아 부분도

　「천하도지도」에서 동아시아 부분을 보면, 이때까지 지도상에는 황해 (Yellow Sea)가 표기되지 않았으며, 한반도의 서해(황해)와 동해, 그리고 동 중국해에서 일본 열도 남쪽으로 이어지는 바다는 명나라의 바다로 인식 되었다. 예컨대 오키나와 제도 일대의 해상은 대명해(大明海)로 표기되었 고, 한반도를 경계로 서쪽은 소서해(小西海), 동쪽은 소동해(小東海)로 인 식된 것이 특이하다. 이 지도에서 한반도(조선)의 지리 정보가 지나치게 소략한데, 이는 중국에서 제작된 지도를 거의 그대로 모사했기 때문인 것으로 볼 수 있다. 한국에 관해서는 조선, 백두산, 울릉 등 3개 지명이 전부이다.

[그림 1-8] 마테오리치의 「곤여만국전도」

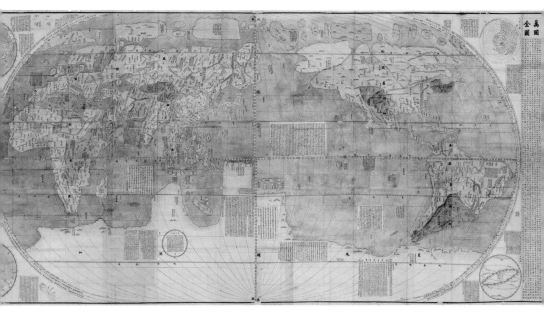

자료: Matteo Ricci, 1602, 坤輿萬國全圖, Tohoku University Library.

한편, 1602년에 이탈리아 신부 마테오리치(Matteo Ricci)가 제작한 「곤여만국전도」가 있는데, 이 지도에 표현된 한반도의 형태와 지리정보는 앞에서 살펴본 다른 지도들의 사례와 같이 대단히 소략하게 다루어졌다. 이 지도는 백여년 뒤인 숙종 34년(1708)에 조선의 관상감에서 필사하여 목판으로 인쇄한 「곤여도병풍」이다. 이 지도는 경기도 소재 봉선사에 보관되다가 한국전쟁 당시 소실되었다. 현재 전해지고 있는 「곤여만국전도」는 일본 도호쿠대학교 도서관에 소장되어 있다.

지금까지 살펴본 바와 같이 중국과 한국 등 동아시아에서는 15세기부터 18세기 사이에 여러 종류의 세계지도가 제작된 것으로 보이는데, 이러한 지도들은 곧바로 서구 세계로 전해진 것 같지는 않다. 왜냐하면

1402년에 제작된 「혼일강리역대국도지도」가 서구의 지도 제작자들에게 전해졌다면, 17세기 말까지 그들이 만든 지도에 동아시아에 관한 지리 정보가 그토록 빈약할 리가 없기 때문이다. 한편 18세기 후반에 제작된 「천하도지도」의 한반도 부분은 300년 전에 제작된 것보다 지리 정보가 훨씬 더 빈약해 보이지만, 대륙과 해양의 배치 등 세계 공간의 전반적인 비례와 균형은 그 이전에 비해 월등히 개선된 것으로 보여진다. 요컨대 18세기까지 동아시아에서 제작된 세계지도는 큰 발전은 있었지만, 전체적으로 미흡한 점이 여전히 많아 보이며, 17세기까지 서양에서 제작된 동아시아에 관한 지도 또한 지리 정보가 대단히 부족한 상태였는데, 1700년을 기점으로 현격한 변화를 보인다. 이에 관한 내용은 제3장에서 본격적으로 다루고자 한다.

## 3. 소빙기와 모피 무역

이 책의 중반부 이후에 본격적으로 19세기의 맵 트레이드(Map Trade)에 관한 내용이 다루어지게 되겠지만, 서두에서 19세기 이전 시기의 전 지구적 기후 특성에 관하여 검토하는 것은 18~19세기에 다양한 국적의 선박들이 새로운 세계를 향해 쉼 없이 항해했던 역사적 맥락을 이해하는 데 도움이 될 것이라 생각된다.

한편 16세기 무렵부터 영국, 프랑스, 러시아를 중심으로 모피 무역이 급격하게 증가하였는데, 이러한 상황은 서구인들의 탐험과 항해에도 큰 영향을 미쳤다. 소빙기(Little Ice Age)의 환경과 모피 무역과의 직접적인 인과관계를 제시하는 것은 쉽지 않지만, 이 책의 제2부에서 다루게 될 영국의 상선 '아르고노트호(the Argonaut)'가 모피 무역과 관련되었던 상황에 대한 이해를 돕기 위해 16세기 무렵부터 활기를 띠었던 서구 세계의 모피 모역 상황에 관하여 살펴보는 것은 흥미로운 일이 될 것이다.

서구인들의 대양 항해는 탐험과 신항로 개척, 선교, 원자재 구득 및 해외 시장 확보 등의 목적이 있었는데, 1장의 후반부에서는 근대 이전 시기에 동서 교류사의 일면을 조명해 보기 위해 약 300~400년의 기간 동안 전 지구에 영향을 미쳤던 소빙기의 기후적 특성과 인류의 삶에 미친 영향에 관하여 알아보고, 비슷한 시기 동안에 나타났던 모피 무역의 급증 배경 및 경과 등에 대해 살펴보고자 한다.

[그림 1-9] 전 지구적 평균기온 변화

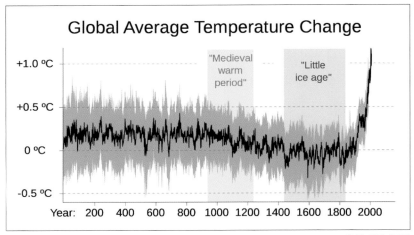

소빙기라는 용어는 16~17세기 또는 17~18세기 무렵에 지구의 기온이 평년보다 현저하게 떨어져서 추운 날씨가 많아지고, 그에 따라 빙하의 면적이 확장되고 두꺼워졌다는 사실을 표현하기 위해 만들어진 용어이다. 다시 말하면, 지금으로부터 약 100만 년 전에 시작해서 10만 년 전 무렵에 끝났다는 빙하기에 비하면 그 시기나 비중이 크지 않았던 특정 시기를 지칭하는 말이다. 한국에서 소빙기라는 용어는 1970년대 후반 무렵부터 역사학계를 중심으로 거론되기 시작하였는데, 서구의 역사학계에서는 이미 1950년대 후반에 '17세기 위기론'이라는 논제로 대두되기 시작하였다(이태진. 1996).

소빙기의 시기에 관해서는 학자들에 따라 의견이 다르고, 대륙 및 국가에 따라 그 사례가 조금씩 다르게 나타난다. 예컨대 한국의 지리학자인 김연옥은 소빙기를 1500~1750년으로 추정하고 있으며, 조선 중·후기가 소빙기에 해당되는 것으로 보고 있다(김연옥. 1996). 반면 저스틴 쇼

브(Justin Schove)는 유럽의 소빙기를 1541~1890년으로 추정하고 있으며, 기후학자인 허버트 램(Hubert Lamb)은 역사적 자료와 빙하의 기록을 토대로 중앙 유럽의 소빙기를 1450~1850년으로 추정하고 있다(Lamb, 1982). 한편 중국의 왕시안(Wang Qian)은 중국의 북부와 동부의 소빙기를 1450~1890년으로 추정하고 있으며(Wang, 1992), 일본의 매지마는 일본의 소빙기를 1611~1850년으로 추정하고 있다(Maejima, 1983).

소빙기 기후의 가장 뚜렷한 특징은 기온이 낮아져 여름이 선선해지거나 겨울이 평년에 비해 훨씬 더 한랭한 것으로 나타난다(김연옥, 1996). 소빙기에는 기온 강하 현상에 따라 필연적으로 농작물의 수확량이 감소하고, 그 결과 기근, 전염병, 반란, 전쟁, 혁명 등의 위기 상황으로 이어졌을 것으로 추측된다(이태진, 1996). 특히 유럽의 소빙기에는 페스트가 만연하여 많은 사망자가 발생하였는데, 가장 심했던 시기는 1601~1750년 무렵이었다. 조선 시대의 전염병 최다 발생 시점도 유럽의 페스트 발생 시기와 일치한다. 일반적으로 기후의 악화와 재해의 빈발, 그리고 기근이나 전염병의 만연에 따라 사회가 불안해지는 현상이 나타나고, 이러한 상황에서는 외침에 의한 전쟁이나 반란, 민란, 유랑민, 도적 등의 출몰에 따른 혼란한 상황이 벌어지기도 한다(김연옥, 1996).

소빙기의 원인에 대해 국내에서 가장 일반적으로 알려진 관점은 '태양 흑점' 활동의 주기에 관한 것인데, 이는 태양의 흑점 활동이 가장 저조했던 1450년에서 1534년 사이, 그리고 1645년에서 1715년 사이에 지구의 기온이 현저하게 하강했다는 것이다. 하지만 램(Lamb)을 비롯한 기후학자들은 이러한 관점에 대해 대체적으로는 동의하는 분위기이지만, 이것이 결정적인 원인은 아닌 것으로 보고 있다(김문기, 2007).

소빙기에 실제로 벌어졌던 사례들을 살펴보는 것은 흥미로운 일일 것이다. 여기서는 조선 시대에 한국의 상황, 중국 상해 일대의 상황, 그리고 서유럽의 상황에 대해 알아보고자 한다. 한국의 사례는 『조선왕조실록』을 분석한 이태진(1996)의 연구가 있는데, 분석 결과 『조선왕조실록』에는 예상대로 우박, 서리, 때아닌 눈 등 기온 강하와 직접적으로 관련되는 이상기후 현상에 대한 기록들이 일지처럼 기록되어 있으며, 홍수와 한발 또한 수없이 되풀이되고 있다(이태진, 1996).

[그림 1-10] 우박·서리·때아닌 눈 등에 관한 실록의 연도별 기록 현황

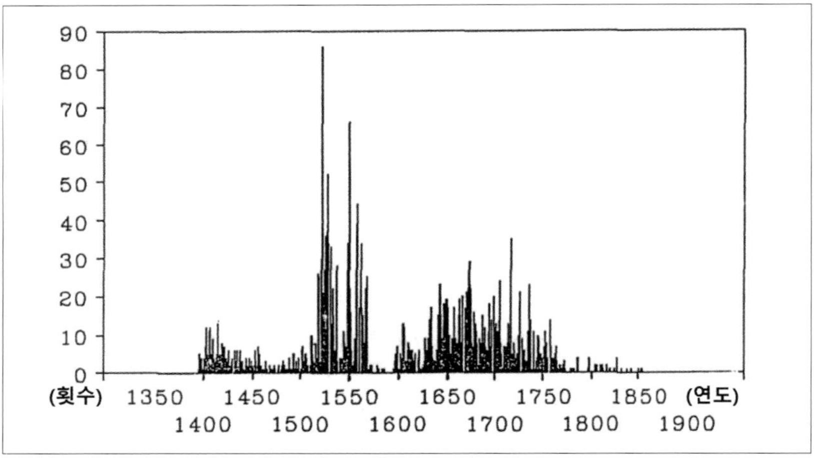

출처: 이태진, 1996

우박·서리·때아닌 눈 등에 관한 그래프 자료를 보면, 1568년부터 1590년 사이에는 깊은 골짜기가 생겼는데, 이는 임진왜란으로 인해 「선조실록」의 기록이 극도로 부실해진 결과일 뿐 소빙하 징후의 큰 흐름에 어떤 변화가 생긴 것은 아닌 것으로 판단된다. 해와 달의 무리 현상, 대낮에 태백성(금성)의 출현, 유성의 출현과 낙하, 색깔이 있는 천기, 지진, 뇌전 등의 빈도 또한 위의 그림과 같은 패턴을 보인다. 한편 1654년 10월 중순 무렵에 보고된 다음과 같은 기사 내용은 대단히 흥미롭다.

신(臣)이 목격한 흑기(黑氣)는 그 기운이 비와 같기도 하고 비가 아니고 연기 같기도 하면서 연기도 아닌 것이 북쪽에서 몰려왔는데, 소리는 바람이 몰아치듯 하고, 냄새는 비린내 같았는데, 잠깐 사이에 산골짜기에 가득 차서 햇빛을 가려 지척에 있는 소와 말도 분별하지 못할 정도였으니 참으로 괴이한 일입니다. 가까이는 적성과 장단 사이, 멀리는 함경도의 남쪽 경계까지도 모두 그러하였다고 합니다.(1654년 10월 21일 기사)

과거에 목격되었던 세찬 바람[大風]은 계절적인 태풍과는 달리 운석의 낙하와 동시에 우박을 동반하면서 부는 경우가 많았다. 즉 붉은색 또는 누런색의 눈이나 비가 내리는 것은 운석의 먼지와 관련이 있는 것으로 추정된다. 안개는 한랭화에 의해 발생했을 가능성이 있고, 누런 안개가 짙게 끼어 비린내가 나면서 사방이 어두컴컴했다고 하는 것은 운석의 분진 현상과도 무관치 않아 보인다.

소빙기 중국에 관한 연구는 김문기(2007)에 의해 시도되었는데, 17세기 말, 상해 출신의 엽몽주(葉夢珠)라는 사람이 겪은 강희 28년(1689)의 특이한 여름에 관한 회고는 대단히 흥미롭다. 엽몽주(1624~?)는 명말 청초의 중국 학자로서 그가 남긴 「열세편(閱世編)」은 당시 중국 사회를 이해하는 데 없어서는 안 될 만큼 중요한 사료로 인식된다(두산백과).

강희 28년(1689), 5월 초닷새부터 25일까지 음산한 비가 20여 일동안 계속 내렸다. 날씨는 서늘하여 완전한 가을 날씨 같았다. 낮에는 겹옷을 입었고, 밤에는 솜이불을 덮어야만 했다. 이때 병에 걸리는 사람이 매우 많았다. 가을이 되자 우리 고향에서는 흉작이 심상치 않았다. (葉夢珠, 閱世編. 券1, 災祥.)

위에서 언급된 5월 5일에서 5월 25일까지 20일간의 기간을 양력으로 환산하면 6월 21일에서 7월 11일에 해당된다. 이는 하지(夏至)의 시작 시점과 소서(小暑)가 닷새 정도 지난 시점 사이의 시기이다. 평년의 경우라면 이때는 한여름의 무더위가 기승을 부리는 때인데, 이런 시기에 겹옷을 입고 솜이불을 덮어야 했다는 것은 당시 한여름의 날씨가 심하게 한랭했다는 것을 의미하는 것이다. 오늘날 6~7월 경에 중국 상해를 방문한다면 공항에 도착하는 순간 높은 습도와 고온을 곧바로 체감할 수 있을 것이다. 참고로 오늘날 상해의 6월 평균 최고기온은 28도, 최저기온은 21도, 7월의 평균 최고기온은 32도, 최저기온은 25도이다.

17세기 동안에 중국의 태호(太湖)와 황포(黃浦)는 그 이전에 비해 훨씬 더 자주 결빙되었고, 선박의 운행이 불가능한 해가 많았다. 겨울에는 눈이 수십 일 동안 계속해서 내리는 경우도 빈번했고, 적설량도 많았다. 겨울의 혹한으로 인해 감귤을 비롯한 과수의 피해가 심각했고, 짐승이나 사람이 동사하는 경우도 많았다. 또한, 한여름에는 눈이나 서리가 내리는 이상 저온 현상으로 작물의 생장에 피해를 주어 수확량이 크게 감소하는 문제도 발생했다.

1684년 1월 3일, 엽몽주는 "아침부터 저녁까지 종일토록 화롯불을 끼고 술을 마셨지만, 추위를 물리칠 수가 없었다. 벼루에는 술과 식초를 사용했지만 곧바로 얼어 버렸다."라고 당시의 추위를 회고했다(김문기, 2007).

흥미롭게도 17세기의 이러한 한파는 조선이나 중국뿐만 아니라 유럽에도 불어닥쳤다. 통계에 따르면, 17세기에 런던의 템즈강은 적어도 11차례나 결빙되었다고 한다. [그림 1-11]과 [그림 1-12]는 각각 1676~1677년과 1683~1684년의 겨울 풍경을 묘사하고 있다.

먼저 아브라함 혼디우스(Abraham Hondius)의 그림은 1767년 12월에 템즈강이 얼어붙어 사람들이 얼음 위로 몰려든 광경과 사냥꾼이 여우를 잡으러 다니는 모습이 그려져 있다. 8년 뒤인 1684년 2월의 템즈강에는 사람들이 평지처럼 몰려들어 오락을 즐기고 빙상 위에서 장(Frost Fair)이 서는 풍경이 연출되었다. 얼어붙은 강물 위에 마차가 다니고, 사람들은 배를 썰매처럼 끌고 있다. 이처럼 17세기 후반에 영국의 겨울은 템즈강이 꽁꽁 얼 정도로 매서운 한파가 몰아쳤던 것을 알 수 있다. 특히 1683~1684년의 겨울은 유럽에서 가장 혹독했던 겨울로 기억된다. 잉글랜드 남동해안과 프랑스 북부 해안에는 5km 정도의 얼음 띠가 나타났으며, 네덜란드 인근의 북해 연안이 결빙되어 선박의 운항은 중단되었다(김문기. 2007).

[그림 1-11] 얼어붙은 템즈강 풍경

출처: Abraham Hondius, 1677, The Frozen Thames, Museum of London.

[그림 1-12] 1684년 2월의 템즈강 풍경

이어서 모피 무역에 대해 살펴보고자 한다. 모피는 보온성과 미적 가치로 인해 세계 각지에서 오래전부터 지속적으로 애용되었는데, 난방 시설이 완벽하지 못했던 고대에는 추운 겨울을 나기 위해 모피나 가죽은 필수적이었다(강인욱, 2011). 이 책에서는 모피 무역이 영토 문제나 지도 제작에도 직접적으로 영향을 미쳤던 사례가 있어서 관련 내용을 중심으로 간략하게 검토하고자 한다. 그런데 16세기 무렵부터 모피 무역이 급격하게 증가했던 이유는 어디에서 찾을 수 있을까?

[그림 1-13] 모피를 두른 여인

자료: Alonso Sánchez Coello, 1577–1579,
*La dama de armiño*, Pollok House.

성승제의 연구(2016)에 따르면, 유럽에서 모피 무역은 중세 시대에 동방무역을 주도했던 유대인들에 의해 본격적으로 시작된 것으로 파악된다. 모피 무역 초기에 유럽인들은 주로 귀족들의 수요에 맞춰 동물을 사냥하였고, 주된 대상은 다람쥐, 산족제비, 담비, 여우 등과 같은 작은 동물들이었다. 모피를 손상되지 않게 벗겨내기 위해서는 덫을 설치하고 산채로 포획해야만 했다. 외투 한 벌을 만들기 위해서는 다람쥐 수백 마리나 여우 수십 마리가 필요한 탓에 야생동물들의 수는 급격히 줄게 되었다. 특히 근대에 접어들면서 모피는 귀족들의 전유물에서 벗어나 일반인들까지 애호하게 됨에 따라 서유럽에서 모피 동물은 멸종 위기를 맞게 되었고, 결국 유럽인들은 시베리아와 그 너머의 극지까지 모피를 찾아 나섰던 것이다.

그런데 옥선종의 연구(1983)에 의하면, 산업혁명 이전인 중세 후반부까지 유럽을 중심으로 한 무역의 패턴은 주로 술, 담배, 설탕, 고급 직물, 과일, 물고기, 광물 등 지리적 범위에 국한된 물품이었으며, 여기에 모피가 신상품으로 등장했다. 그러다가 중세 말에 이르러 영국 등 유럽 상류 계층의 생활 수준이 상승함에 따라 종래에 북극권인 러시아나 스칸디나비아에만 국한되어 있던 모피 소비가 유럽 대륙에까지 확산되어 새로운 모피 공급처의 탐색이 활발하게 진척되었다. 이때 이미 해상권을 장악하고 있던 영국이 허드슨만을 발견하여 1626~7년과 1633년 등 두 차례에 걸쳐 현재의 캐나다에 The Company of Adventurers to Canada를 법인체 형태로 설립하여 식민지 무역의 근거지로 삼았다. 이 시기에 허드슨만에 대한 영국의 관심은 바로 당시 유럽 대륙에서 소비가 크게 늘고 있던 북미산 비버 모피의 공급처 확보에 있었으며, 다른 한편으로는 허드슨만의 북방에서 유럽으로 갈 수 있는 북서 항로를 개척하는 데 있었다.

16세기에 접어들면서 급격하게 확대된 모피 무역은 단순히 일반인들의 생활 수준이 향상된 것에 기인하였던 것일까? 물론 일부 사람들의 경제적 형편이 나아진 것은 사실일 수도 있겠지만, 유행의 변화처럼 일반인들의 모피 소비가 갑작스레 증가했다는 설명은 무리가 있어 보인다. 어쩌면 앞에서 다룬 것처럼 300~400년간에 걸쳐 전 세계를 휩쓸고 지나간 한파의 영향 때문은 아니었을까? 런던의 템즈강이 심하게 결빙될 정도의 추위 때문에 더 보온성이 좋은 옷이 필요했던 것은 아닐까? 오늘날 런던의 12월, 1월, 2월 평균기온은 최고 8도, 최저 2도일 정도로서 영하로 내려가는 경우는 거의 없다. 모피 무역이 급증하게 되었던 직접적인 원인을 소빙기의 매서웠던 추위와 직접적으로 연관 지어 설명하는 학자는 거의 찾아볼 수 없는데, 필자가 보기에는 소빙기의 매서운 추위가 모피 무역의 급증에 영향을 크게 미쳤을 것이라는 확신이 든다. 추위로부터 몸을 보호하기 위해 더 보온성이 좋은 재료를 선호했을 것이라는 것은 상식이기 때문이다.

한 일본인 학자는 '문명사'에 관한 그의 책에서 모피와 가죽은 어느 시대나 어느 문명권에서도 중요했던 것으로 평가하면서 원시시대에는 주술과 관습적 측면에서, 중세에는 사회적 지위의 관점에서, 그리고 근대 이후에는 상품 시장의 측면에서 모피를 다루고 있다(下山晃, 2005). 그의 책에서 소빙기 시기에 모피의 수요가 많았던 당시 유럽의 상황을 다루고 있는데, 이는 필자의 생각과 마찬가지로 갑작스런 추위에 직면한 인간들의 행위를 가장 당연하고 상식적인 측면에서 보고자 했던 것이다. 모피의 수요가 크게 증가함에 따라 서유럽 인근 지역의 모피 동물이 급감했고, 따라서 유럽인들은 모피를 찾아 더 멀리 시베리아와 아메리카까지 갈 수밖에 없었던 것이다.

모피 동물은 약 100여 종에 달했는데, 크게 설치류와 맹수류로 나뉜다. 일반인들이 의복으로 입었던 것은 소나 말 그리고 개 등의 가죽이었지만, 모피라고 부르는 것들은 일반적으로 고급 재료인 호랑이, 여우, 사슴, 노루, 담비, 노랑가슴담비, 살쾡이, 스라소니, 수달, 표범 등의 가죽을 말한다.

모피 무역 과정에서 주목할 부분은 모피의 수집과 가공 그리고 소비가 분화되어 있으며, 공급지와 가공처 그리고 소비지는 상대적으로 원거리에 위치한다. 예컨대 동물마다 차이가 있겠지만, 대부분의 모피 동물들은 겨울 털로 바뀌는 겨울에 수렵되며, 도살 직후 체온이 떨어지기 전에 박피를 해야 한다. 또한, 모피 동물은 기후와 환경에 대단히 민감하며 인적이 거의 없는 곳에서 서식하기 때문에 모피를 구하기 위해서는 인적이 전혀 없는 지대, 즉 모피 동물이 서식하는 한대의 험준한 산악 지역에서 겨울을 보내야 한다. 이러한 이유로 모피 무역은 필연적으로 원거리일 수밖에 없으며, 모피 동물의 사냥을 전문적으로 하는 집단이 필요했던 것이다.

모피의 유통 과정에는 다양한 중간 매개자가 개입해서 모피를 취합하고 가공하여 상품의 가치를 높이는 작업을 한다. 예컨대 산지에서 모피를 취합하는 거래소, 모피를 가공하는 공방, 소비지로 공급하는 루트 등이 필요하다. 모피의 가공은 가죽에 흠이 나지 않도록 벗겨서 무두질을 해야 하는 정교한 기술이 필요하다. 따라서 실수요지에 모피를 공급하는 집단은 모피 산지에서 모피를 공급받고, 가공하는 장인 집단을 관리하고, 시장의 수요와 기호를 맞출 수 있어야 한다(강인욱, 2011).

19세기 초, 캐나다 지역의 모피 무역의 경우, 중개인과 중간 소매상들은 변경 지대에 거류지를 만들어 놓고 교환에 쓰일 재화들을 그 안에 보관해 두었다(Hamilton, 2000). 이들 중계인들은 생산지와 소비지 사이의 중개 역할을 하는 중개인(middleman)과 실제 모피 산지에서 모피를 사냥하는 사람들과 모피를 거래하는 중간 소매상(tradesmen)으로 구분된다.

38p의 그림은 19세기 당시 캐나다 온타리오주에 있던 모피 무역 집산지인 포트 윌리엄(Fort Wiliam) 복원도와 실제로 복원된 항공 사진이다. 이들 자료에 의하면, 모피 무역 집산지 내에는 중앙에 대형 홀이 있고, 그 왼편에는 모피 무역에 관여했던 중개인들의 가게와 거리 그리고 우측편에는 안내인들의 숙소가 있었다. 이러한 시설은 비교적 근대화된 대형 건물로 이루어져 있는데, 선박을 통해 집산지로 출입했던 당시의 사정상 주로 해안이나 큰 강을 끼고 입지했을 것으로 추정된다. 과거에 모피 무역 집산지였던 포트윌리엄(Fort Wiliam)은 현재 관광지로 조성되어 있다.

[그림 1-14] 허드슨만과 포트윌리엄의 위성 영상

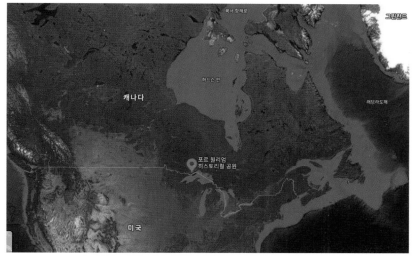

[그림 1-15] 캐나다 온타리오주 소재 19세기 모피 무역 집산지 포트윌리엄 복원도

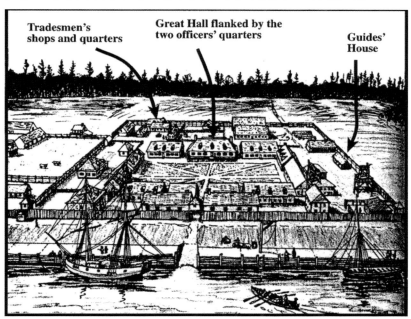

[그림 1-16] 포트윌리엄의 최근 항공 사진

출처: Fort Wiliam Historical Park.

　　이어서 16세기 무렵에 모피 무역을 주도했던 영국, 프랑스 그리고 러시아의 움직임에 대해 살펴보고자 한다. 16세기 전반부 동안에 영국에서는 모피 무역뿐만 아니라 북서 항로의 개척을 위한 목적으로 여러 회사들이 설립되었다. 당시 영국은 제임스 1세(1603~1625)와 찰스 1세(1625~1649) 시기였는데, 사회적 혼란과 경제 불황으로 큰 어려움을 겪고 있었다. 영국에서는 네덜란드와의 전쟁(1665~1667)이 끝난 직후부터 무역이 크게 확대되어 대양 항해를 위한 선박들이 템즈강에 즐비했다. 당시에는 부유한 상인들의 수가 증가하였고, 이자율이 낮아짐에 따라 투자 붐이 일었는데, 허드슨만 회사(The Hudson's Bay Company)는 이러한 상황에서 설립된 대표적인 회사였다.

[그림 1-17] 모피상과 원주민과의 만남

자료: Frederic Remington, 1891, Sid Richardson Museum.

당시 프랑스에서는 추아르(M. Chouart)와 하디쏭(P. E. Radisson)이라는 모피 상인들이 캐나다와의 모피 무역에 대한 장래성을 예측하고 회사 설립안을 프랑스 정부에 제출했던 상황이었다. 프랑스에서의 이러한 움직임은 영국에서 허드슨만 회사가 설립되게 하는 데 직접적인 동기가 되었다. 이러한 상황에서 영국에서는 캐나다에서의 무역 가능성을 타진해 보고자 이글렛(Eaglet)호와 논서치(Nonsuch)호 등 2척의 배를 현지에 보내 요새 건설, 북서 신항로의 발견과 정보 수집, 그리고 인디언과의 거래를 시도하도록 했다. 그런데 이글렛호는 항해의 어려움으로 중간에 귀항했고, 논서치호는 1668년 9월에 허드슨만에 도착하여 포트 찰스(Fort Charles. 자메이카에 축조된 최초의 요새)를 건설하고 인디언들과 모피 거래를 수행한 후에 귀항했다. 시험적인 운항과 교역에 성공한 후, 독점적이고 영속적인 이윤 추구가 가능하다고 판단한 영국에서는 1670년 5월 허드슨만 회사가 설립되었다.

허드슨만 회사는 설립 후 10여 년간은 회사 운영이 비교적 원만했다. 예컨대 1682년에는 올버니강(Albany River), 헤이섬(Hay Island), 휘뻬흐강(Rupert River), 세번강(River Severn) 등 넬슨 포구(Port Nelson) 지역에서만 5개의 거류지를 건설하였으며, 모피의 공급지도 점차적으로 확대해 갔다. 특히 영국이 아메리카 현지에 공급했던 자국산 상품은 가격이나 품질면에서 프랑스산 제품보다 인디언들에게 더 호감을 주었을 뿐만 아니라 영국은 지리적으로도 프랑스보다 비버 모피 산지까지의 접근성이 훨씬 더 좋은 상황이었다.

한편 프랑스 정부가 모피 무역에 의한 수입을 정부의 한 재원으로 간주하기 시작하면서부터 넬슨 포구 일대에서 영국의 허드슨만 회사가 막대한 이윤을 남기는 상황을 멀리서 바라만 볼 수는 없었을 것이다. 결국 프랑스는 무력으로 영국이 점유하고 있던 지역들을 공격하여 1686년에는 넬슨 포구를 제외한 인근의 대부분 지역을 점령하였다. 프랑스의 무력 행위는 급기야 영불식민지전쟁(1689년)을 촉발시킨 직접적인 요인이 되었으며, 이 시기부터 영국의 허드슨만 회사는 심각한 경영난을 겪게 되었다.

1697년에 리스윅 조약(Treaty of Ryswick)으로 영불 간에 평화가 찾아온 듯 하였으나, 이 조약에 따라 모든 거류지는 전쟁 이전의 상태로 반환되어야만 했다. 따라서 허드슨만 회사는 올버니강만 되찾고 나머지 모든 거류지는 프랑스 측에 속하게 되었다. 넬슨 포구를 확보한 프랑스는 세번강에 요새를 구축하고 인디언들이 영국 측 올버니로 모피 납품을 못하게 하였다. 이와 같은 상황에서 프랑스가 빼앗은 지역에 대한 무역권을 재탈취하려는 영국 측의 시도로 또다시 전쟁에 불이 붙게 되었다(옥선종, 1983).

1713년에 전쟁이 끝나고, 위트레흐트 조약(Treaty of Utrecht)이 체결됨에 따라 허드슨만은 영국에 반환되었고, 영국의 허드슨만 회사는 모피 무역을 재개할 수 있게 되었다. 이렇듯 영국과 프랑스는 17세기 중반부터 본격적으로 아메리카 대륙에 상륙하여 모피 무역에 관여하였는데, 그러한 과정에서 양국 간의 전쟁으로 확대되는 등 모피 무역은 영토 문제로 확대된 사례라 할 수 있다.

이어서 유럽의 북부에 위치한 러시아의 사례를 살펴보고자 한다. 16세기 무렵 러시아는 아시아로 눈길을 돌렸다. 러시아의 민족주의자들은 러시아를 세계에서 가장 뛰어난 국가들 중 하나로 여겼으며, 신이 문화와 계몽을 갖춘 러시아를 선택했다는 의식을 발전시켰다. 따라서 아시아를 계몽시키는 것이 러시아의 사명으로 인식했던 것이다. 시베리아라는 광대한 지대가 러시아의 눈앞에 펼쳐졌으며, 러시아는 동방으로 나아가는 데 주저하지 않았다. 즉 러시아가 영토 확장을 추진했던 대상은 바로 아시아였던 것이다(정세진, 2018).

13~15세기 사이에 중앙 유라시아에서 맹위를 떨쳤던 몽골이 쇠퇴하자, 모스크바국은 모피 사냥을 목적으로 16세기부터 광활한 북부아시아를 향해 동진을 시작했다. 만주에서 발원한 청나라 역시 17세기 동안 세력을 넓혀 명나라를 정복하고 변경 지역으로 팽창하기 시작했다. 이렇게 유라시아 중앙부에서 벌어진 두 제국의 팽창은 필연적으로 군사적 대립과 문화적 충돌을 가져올 수밖에 없었다.

두 제국 중 어느 한쪽이 압도적으로 상대를 제압하거나 광활한 유라시아 중앙부를 모두 통합할 수는 없었다. 지정학적 측면에서 양국의 수도는 유라시아 대륙의 양극단에 위치했던 상황으로 양국의 궁극적 관심사는 서로 다를 수밖에 없었고, 따라서 소모적인 충돌을 지속할 이유는 없었다. 두 제국의 팽창은 어느 지점에서든 멈춰야 할 운명이었고, 적당한 타협점을 찾아 상호 간에 공존을 모색하는 것이 필요했다. 이를 현실화한 것이 네르친스크 조약(1689)과 부라 조약 및 캬흐타 조약(1727년)이었다. 네르친스크 조약이 양국 간에 국경을 획정했던 최초의 조약이라면, 그것을 본격적으로 가동시킨 것은 캬흐타 조약이었다. 러시아의 팽창이 민간이 주도하고 국가가 지원했던 경제적 팽창이었다면, 청의 팽창은 국가가 주도한 정치·안보적 팽창이었다(박지배, 2019).

모든 제국들이 식민지를 건설하고 영토를 확장하는 데에는 나름의 이유가 있는데, 러시아는 어떤 이유로 시베리아를 향해 동진했던 것일까? 러시아가 시베리아 정벌에 나섰던 16세기 무렵부터 모스크바국과 그 이후의 로마노프 왕조는 모피가 국가 경제 발전의 결정적인 견인차가 될 것이라는 확신을 갖고 있었다. 따라서 러시아는 국가 재정을 확충하기 위해 고가로 판매되고 있던 모피를 얻을 수 있는 곳으로서 시베리아를 상정했고, 실제로 이곳에서 엄청난 양의 모피를 확보했다고 한다. 그들은 국가 재정에 막대한 이득을 가져다준 모피 공급처였던 시베리아를 의도적으로 지배했던 이유를 감추지 않았다. 러시아는 모피를 얻기 위해 태평양까지 변경을 확대해 나갔으며, 결국 제국의 확장과 경제적 이익은 합치되었다(정세진, 2018).

요컨대 러시아가 시베리아를 공략했던 주된 원인은 모피의 획득이었다(下山晃, 2005). 시베리아 지역에서의 모피 사냥은 17세기 이후 시베리아 각지로 진출한 코사크인들에 의해 주로 이루어졌다. 모피 상인들이 숲속을 헤치고 길을 내며 진격하는 속도는 군대의 진격 속도보다 더 빨랐다. 즉 군대가 진격하는 것보다 모피 상인들에 의해 시베리아가 더 빨리 개발되었다(홍익희, 2012). 그러나 약 200여 년간에 걸친 모피의 남획과

도시의 건설로 모피의 수는 급감하였고, 모피 동물의 서식지도 급격히 줄어들었다(강인욱, 2011).

지금까지 소빙기였던 16세기 무렵부터 영국, 프랑스, 러시아 등의 국가들이 모피를 구하기 위해 전 세계로 그들의 세력을 확장했던 배경과 과정을 살펴보았는데, 1791년 여름에 한반도 동해상의 울릉도 부근까지 항해했던 영국의 상선 아르고노트호(the Argonaut) 또한 모피 무역에 관여했던 선박이었다. 아르고노트호의 항해 목적과 항해 루트 그리고 한국 동해상에 진출했던 경위에 대해서는 이 책의 2부에서 구체적으로 다루고자 한다.

# 2장

# 19세기의 동아시아 정세

    두 번째 장에서는 19세기의 동아시아 정세를 다양한 측면에서 조명해 보고자 한다. 먼저 18세기 후반부터 19세기 전반부 동안에 서구의 많은 전함, 포경선, 탐사선 등의 배들이 동아시아 일대와 한반도의 동해상으로 항해하면서 그들이 목격한 새로운 세계를 지도로 표현하였다. 이러한 탐험가들의 활동은 19세기 중반 이후의 시기에 서구의 열강들이 동아시아로 그들의 세력을 확장하기 위한 사전 작업이었던 것으로도 볼 수 있다. 탐험가들의 항해와 지도 제작에 관한 내용은 4장에서 구체적으로 다루게 될 것이며, 본 장에서는 한중일 동아시아 3국이 외부 세계에 개항하던 상황을 개관하고(19세기 중반), 이어서 서구 열강들 간의 식민지 쟁탈전 양상을 다루고자 한다(19세기 후반).

## 1. 동아시아 3국의 개항

    첫 번째는 중국의 사례로, 중국에 대한 영국의 아편 밀수출은 18세기로 거슬러 올라간다. 중국에서는 옹정제 초기였던 1729년에 이미 아편

금지령이 내려졌지만, 중국에서 아편의 수요는 폭발적으로 증가하였다. 마침내 중국의 도광제는 아편 거래를 막기 위해 임칙서를 광저우에 특사로 파견하였다. 임칙서는 외국인들에게 그들이 갖고 있는 아편을 관청에 넘기고 더 이상 아편을 팔지 않겠다는 서약서를 요구하였으며, 군대를 동원하여 단속을 실시하였다. 당시 광저우에는 영국의 함대 2척이 본국 상인들을 보호한다는 명목으로 정박하고 있었다. 임칙서는 수거한 아편을 모두 불태우는 등 강경한 입장을 유지하였다.

[그림 2-1] 아편전쟁 상황

자료: Edward Duncan, 1843, Destroying Chinese war junks.

이에 대해 영국 정부는 대중국 무역의 안정화를 위한 명분으로 함선 20척과 원정군 4,000명을 중국에 파견하였다. 1840년 6월, 영국의 선전포고로 전쟁은 시작되었으며, 강력한 영국군 앞에 중국의 군대는 너무나도 무력하였다. 결국 1842년 8월, 영국 함대의 갑판 위에서 영국과 청국 간의 '난징조약'이 체결되었는데, 조약의 주요 내용은 다음과 같다.


   1. 홍콩을 영국에 넘길 것
   2. 광동, 하문, 복주, 영파, 상해 등 5개 항구를 개항할 것
   3. 개항장에 영사를 주재시킬 것
   4. 청국은 전쟁 배상금 1,200만 달러, 아편 배상금 600만 달러 등
      을 3년 안에 영국에 지불할 것 등


   이 조약은 중국이 외국과 맺은 최초의 근대적인 조약이며, 불평등 조
약이었다. 아편전쟁의 패배와 난징조약의 체결로 중국의 전통적인 중
화사상은 무너졌으며, 중국 사회는 큰 충격에 빠졌다. 그 후 중국은 미
국, 프랑스 등의 서구 열강들과 차례로 불평등 조약을 체결할 수밖에
없었으며, 중국 대륙은 서구 열강의 침략에 속수무책으로 당할 수밖에
없었다.

[그림 2-2] 난징조약 장면

자료: Platt, John. The Signing and Sealing of the Treaty of Nanking in the State Cabin of H. M. S.
Cornwallis, 29th August 1842. Oil painting. Brown University Library.

두 번째는 일본의 사례로서, 쇄국 정책을 견지하고 있던 막부는 이양선들의 계속적인 통상 요구에 골머리를 앓고 있었다. 그러던 중 1837년, 미국 상선 모리슨(Morrison)호가 표류하던 일본인들을 구출하여 데려다주었는데, 그 배를 포격하여 쫓아낸 사건이 발생하였다. 이에 대해 일부 학자들이 강하게 비판하자 막부는 그들을 투옥하였는데, 마침 중국에서는 아편전쟁으로 청나라가 영국에 패하는 일이 발생함에 따라 막부의 근심은 깊어질 수밖에 없었다.

그 후 1853년 6월에는 페리 제독(Matthew C. Perry, 1794~1858)이 이끄는 미국의 흑선이 등장함에 따라 막부는 더 이상 버틸 수가 없었으며, 그 이듬해 3월에 마침내 미일 화친조약을 체결하게 되었다(1854). 이 조약 또한 난징조약과 마찬가지로 일본에게는 절대적으로 불평등한 것이었

[그림 2-3] 페리 제독의 일본 상륙

다. 미국과의 조약 체결 이후 일본은 영국, 러시아, 네덜란드 등의 국가들과 차례로 불평등한 조약을 체결할 수밖에 없었다. 1858년에 미일수호통상조약(Treaty of Amity and Commerce, 日米修好通商条約)이 체결됨으로써 일본은 본격적으로 외부 세계에 문을 열게 되었다.

세 번째로는 한국의 사례로, 일본은 그들이 이미 미국 등 서양 열강들로부터 강요당했던 것처럼 조선을 상대로 개항을 요구하였다. 일본은 그들의 목적을 위해 우선 부산항에서 함포 사격을 한다는 구실로 조선 정부를 위협하였으며, 운요호(雲揚號)를 강화도에 보내 조일 간의 군사적 충돌 상황을 만들어 물리적 압박을 가하였다. 결국 1876년 2월, 조일수호조규(朝日修好條規)라고 하는 강화도조약이 체결되었는데, 이는 곧 일본의 한반도 침탈의 시발점이 되었다.

[그림 2-4] 일본 측에서 그린 강화도조약 체결 장면

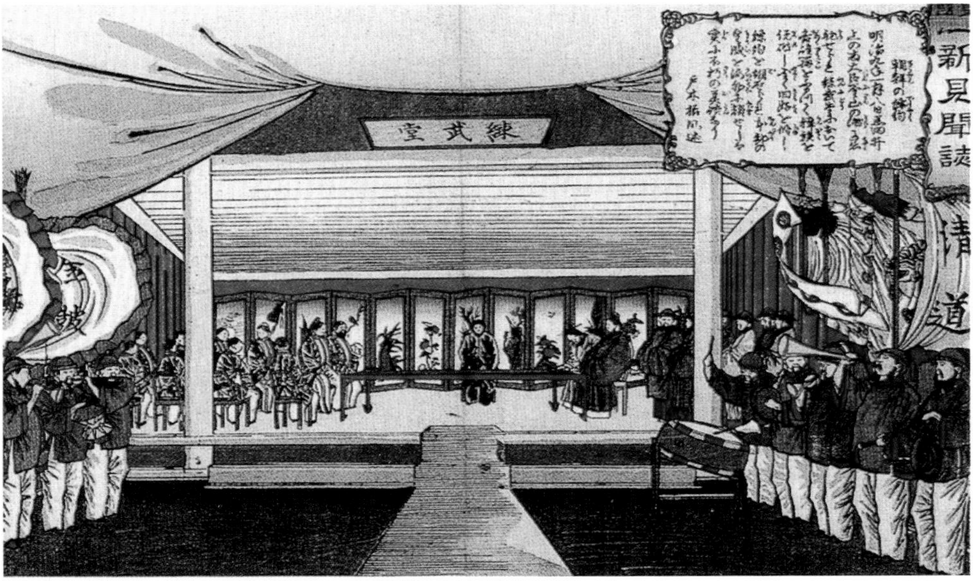

자료: 작자미상, 1880, Ganghwa Treaty(1876) between representatives of the Empire of Japan and the Korean Kingdom of Joseon(Source: Saigo Takamori and Okubo Toshimichi).

일본은 임진왜란(1592~1598)을 통해 확인된 것처럼 오래전부터 대륙 침략에 대한 야망을 갖고 있었다. 강화도조약을 체결한 이후, 일본은 곧바로 조선을 식민지화하기 위한 작업에 착수하였으며, 결국 청일전쟁과 러일전쟁에서 승리함으로써 한반도와 만주 일대는 일본의 영역으로 편입되었던 것이다.

한편 이 책의 3부에서 본격적으로 다루어지겠지만, 강화도 조약 당시에 일본은 한반도의 동해상에 있는 섬들에는 별 관심이 없었다. 오늘날 일본은 독도 영유권을 집요하게 주장하고 있지만, 사실 일본 정부가 독도의 지정학적, 전략적 가치를 제대로 알게 된 것은 러일전쟁 시기였다. 러일전쟁 전후의 시기에 일본의 울릉도·독도 인식에 관한 내용은 뒤에서 다시 다루고자 한다.

## 2. 서구 열강의 식민지 쟁탈전

19세기 중반 무렵, 서구 열강들이 자국의 해외 시장 확보와 경제적 이득을 위해 동아시아 국가들을 상대로 통상조약 및 개항을 요구하였다면, 19세기 후반부 동안에는 열강들 간의 식민지 쟁탈전의 양상이 전개되었다.

19세기 말, 러시아는 만주와 한반도를 향해 남진하고 있었다. 일본 또한 한국을 점령하고 만주까지 진출하려는 야심을 갖고 북진을 노리고 있었다. 청일전쟁(1894~1895)에서 승리한 일본은 러시아와의 충돌을 예상하고 있었다. 그리하여 일본은 '만주는 러시아가 차지하고, 한국은 일

[그림 2-5] 20세기 초의 국제 정세

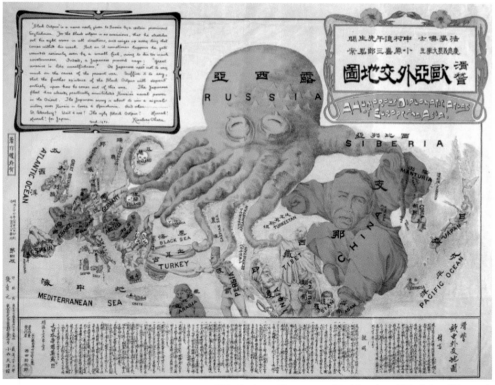

자료: Kisaburo Ohara, 1904, 「구아외교지도」, 일본 게이오 대학교 소장.

본이 점령한다'는 입장을 러시아에 전하였다. 그러나 러시아가 만주나 중국으로 진출하는 것을 서양 열강들은 원치 않았으며, 특히 영국은 그들의 중국 진출에 러시아가 걸림돌이 될 것이기에 절대로 두고 볼 수는 없는 상황이었다.

[그림 2-6] 20세기 초의 동아시아 정세

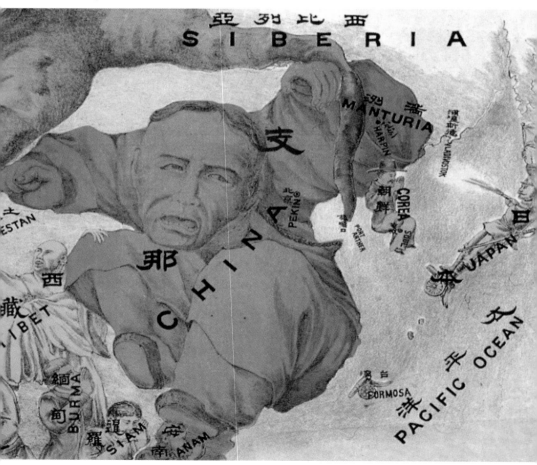

자료: Kisaburo Ohara, 「구아외교지도」, 동아시아 부분도.

한편 러일전쟁이 끝나지 않았던 1905년 7월, 미국의 루스벨트 대통령의 특사였던 윌리엄 하워드 태프트(William Howard Taft) 육군장관과 일본의 총리 가쓰라 다로(桂太郎) 사이에 은밀한 밀약이 체결되었는데, 이것이 바로 가쓰라-태프트 밀약(The Katsura-Taft Agreement. 1905)이다. 이 밀약은 1924년에 이르러 미국 존스홉킨스대학교의 데넷(Tyler Dennett. 1883~1949) 교수에 의해 발견되어 세상에 알려지게 되었다. 이 밀약에 의하면, 일본은 미국이 필리핀을 점령하는 것을 인정해 주고, 미국은 일본이 한국을 점령하는 것을 용인해 준다는 내용이었다. 결과적으로 영국과 미국이 러시아의 남하를 막기 위하여 일본을 이용했다고도 볼 수 있으며, 그러한 상황에서 가장 큰 피해를 입은 것은 한국이었던 것이다.

20세기로 넘어가는 시점에서 영국, 미국, 일본 등 해양 세력이 러시아의 남하를 저지하기 위해 소위 밀약 또는 동맹을 체결하였는데, 결과적으로는 한국은 일본에 의해 식민 통치를 당한 이후, 이어서 냉전으로 남과 북이 분단되는 고통을 겪는 비운의 역사를 맞게 된다.

## 3. 일본 측 주장의 모순

　한국의 동해는 러시아, 일본 등 여러 나라가 공유하고 있지만, 동해상의 울릉도와 독도는 오래전부터 한민족의 영역 내에 있었다. 그러나 일제강점기 동안에 독도는 한반도 본토와 함께 일본 제국의 영역에 속했다가 해방과 함께 한민족의 품으로 되돌려졌다. 일제가 연합군에 패함에 따라 그들이 불법적으로 취득한 모든 영토를 반환해야 함에도 불구하고 일본은 여전히 독도에 대한 영유권을 주장하고 있는데, 과연 독도는 일본의 주장대로 그들의 고유 영토였단 말인가? 또는 주인이 없어서 그들이 선점했다고 하는 무주지 선점론은 맞는 말인가? 그런데 '고유 영토론'과 '무주지 선점론'은 논리적으로 모순적이지 않은가?

[그림 2-7] 한반도와 주변 환경 　　　　　　　　　출처: (주)한국아이엠유, 2001, Landsat ETM 위성 영상.

독도에 대한 영유권 문제는 한일 간의 논쟁으로 몰아갈 것이 아니라
세계 교류사적 측면에서 보편적인 프레임 안에서 논의할 필요가 있다.
즉 19세기는 동서양이 만나는 시기이며, 지도 제작과 맵 트레이드(map
trade)가 이루어졌던 시기이다. 이 시기는 일본 또한 세계지도 제작의 대
열에 합류했던 때이므로 극동을 사례로 지도 제작의 교류와 변천사를
분석한다면 과연 일본이 독도를 어느 정도 알고 있었는지, 또는 독도가
어느 나라에 속해 있었는가를 밝힐 수도 있으리라 확신한다

[그림 2-8] 독도 기점 주요 지점 간 거리

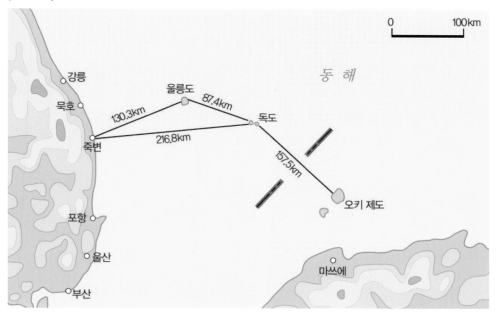

출처: 독도사전편찬위원회, 2019.

19세기에 과연 일본은 독도를 제대로 알고 있었을까? 제2부에서는 한
반도와 동해상의 섬들에 관한 지리 정보가 중국을 경유하여 프랑스로

전해졌던 과정과 프랑스에서 다시 유럽과 전 세계로 전파되었던 과정을 검토하고자 한다. 이어서 서구의 탐사선 등이 한국의 동해상을 항해하면서 그들의 눈으로 목격하고 지도화한 자료를 주요 지도 제작 국가들 간에 공유하고 교류했던 증거들을 포착함으로써 그러한 프로세스 내에 있었던 일본이 과연 독도를 제대로 알고 있었는가를 밝히는 것은 의미 있는 시도라 할 수 있다.

극동에 대한 지도 제작과 교류의 역사를 통하여 일본이 주장하는 고유영토론과 무주지 선점론에 관한 주장은 전혀 근거가 없고 모순적이라는 것은 밝혀지게 될 것이다. 일본의 시마네현 일대에서는 전통적으로 독도를 마쓰시마(松島)라고 인식했었는데, 1905년에 이르러 돌연 다케시마(竹島)라는 이름으로 불법 편입하였다. 이 책에서는 앞뒤가 맞지 않는 일본의 주장과 비정상적인 움직임에 대해서도 분명하게 문제점을 지적하고자 한다. 이러한 모든 의문들은 세계지도 제작의 역사와 맵 트레이드의 관점을 통하여 시원하게 밝혀지게 될 것이다.

# 2부

울릉도·독도의
발견과
지도 제작의
역사

19세기 일본지도에
독도는 없다

# 3장

## 서구 세계에 전해진 한국의 섬들

### 1. 러시아-청나라의 충돌과 청나라의 지도 제작

오늘날 러시아의 영토는 아시아의 시베리아를 포함하는 등 세계 최대 규모인데, 러시아의 영토는 언제부터 본격적으로 확장되었던 것일까? 러시아가 동진해 오는 과정에서 중국과의 마찰은 없었을까? 제3장에서는 러시아의 동진에 따른 청나라와의 충돌 상황과 경과를 살펴보고, 그 이후에 취해진 청나라의 대응책(지도 제작)에 관하여 다루고자 한다. 이어서 18세기 초에 청나라에서 제작된 「황여전람도」가 프랑스로 전해져서 결과적으로 그 안에 포함된 한국 및 한국 동해상의 섬들에 관한 지리 정보가 유럽과 전 세계로 전파되는 과정을 살펴보고자 한다.

영국과 프랑스 등 서유럽의 국가들이 해상 제국을 확장하던 시기에 러시아는 우랄산맥을 넘어 시베리아를 향해 동진하고 있었다. 16세기 말부터 시작된 영토 확장 프로젝트는 1605년에 이르러 시베리아 중앙부에 톰스크(Tomsk)의 건설을 시작으로 17세기 중반에는 고대 한민족의 영역에 해당하는 연해주 일대에까지 이르렀다.

러시아의 영토 확장 방식을 살펴보면, 먼저 소수의 탐험대를 보내서 현지 상황을 정탐하게 한 뒤, 원정대를 보내어 부족 단위의 원주민을 공격하여 그 일대를 접수하였다. 그들은 새로 정복한 지역에 요새도시를 건설한 후에 본토로부터 이주민을 받아들여 새로 건설한 도시에 살게 하였다. 수도 모스크바로부터 멀리 떨어진 아시아의 시베리아를 정복하는 것은 쉽지 않은 일이었지만, 결국 동방의 시베리아를 그들의 영토로 만들었다.

러시아 군대는 별다른 어려움 없이 동진하다가 1639년에 이르러 강력한 만주족의 저항에 부딪혀서 처음으로 패퇴하였다. 당시 청나라는 명을 무너뜨리는 데 전력을 쏟고 있던 시기였으므로 러시아 군대에 정면으로 대응하는 것은 대단히 부담스러운 상황이었다. 러시아 군도 마찬가지로 본국으로부터 멀리 떨어진 곳에서 안정적으로 전투할 수 있는

[그림 3-1] 시베리아로 진격해 들어가는 러시아 군대

상황도 아니었으며, 예상치 못했던 만주족의 벽에 부딪힘에 따라 더 이상 진격하기가 쉽지 않은 상황이었다. 한편 청나라는 1636년에 조선을 공격하여 명과의 관계를 단절시키고, 청에 굴복시킴으로써(병자호란) 사실상 조선이 청나라의 배후를 칠 수 있는 여지를 없애 버렸다.

러시아와 청나라가 팽팽한 접전을 치루는 상황에서 러시아는 1651년에 요새 도시 알바진(Albazin)을, 그리고 그 이듬해에는 네르친스크(Nerchinsk)를 건설하였다. 러시아가 시베리아 일대를 성큼성큼 집어삼키는 것을 목격한 청나라는 수천의 군병을 동원하여 러시아 군을 몰아내려 했지만, 러시아 군의 발달된 무기를 상대하기는 쉽지 않았다. 청의 국내 문제가 해결된 후, 청의 4대 황제 강희제(1661~1722)는 흑룡강 일대에 들어와 있던 러시아 군대를 소탕하기 위해 출병하였는데, 마침 몽골 지역의 일파가 소요를 일으켜서 청에 위협이 될 수도 있는 상황이 벌어졌다. 이러한 상황에서 강희제는 무모한 전쟁을 계속하기보다는 협상을 통해 난제를 해결하고 싶었다. 러시아 또한 오스만투르크와 전쟁 중이어서 극동에까지 신경을 쓸 여력이 없었으며, 당장 청나라와의 싸움에 승산이 없을 것으로 판단하여 절충점을 찾고 싶어했다.

결국, 청나라와 러시아 대표단은 네르친스크(Nerchinsk, 尼布楚)에서 만나 협상을 시작하였다. 러시아는 그들이 이미 차지하고 있던 더 많은 영토를 지키고 싶었지만, 협상단을 에워싸고 있는 청나라 군대의 위력에 더 이상 그들의 주장을 관철시킬 수는 없었다. 이렇게 해서 체결된 네르친스크 조약(1689)은 러시아어, 만주어, 라틴어 등 3개 언어로 작성되었다. 러시아와 청나라의 협상 과정에서 중요한 역할을 했던 인물이 한 사람 있었는데, 바로 프랑스 선교사 제르비옹(Jean – François Gerbillon, 1654~1707)이다. 제르비옹은 프랑스에서 파견된 예수회 선교사이자 수학자, 천문학자로서 강희제의 특별한 신임을 받고 있었으며, 러시아와의

[그림 3-2] 러시아와 청나라 간의 조약이 체결되었던 요새 도시 네르친스크

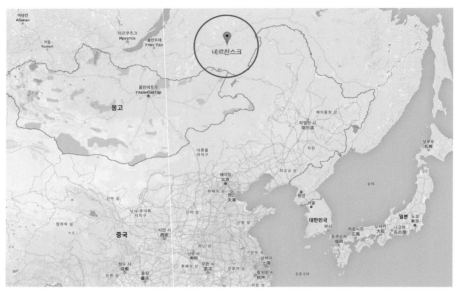

출처: 구글 지도.

[그림 3-3] 1710년의 네르친스크 전경

자료: Ides, Evert Ysbrants, 1710, Driejaarige reize naar China.

협상장에서도 통역과 자문의 역할을 하였다.

조약 체결 이후, 청나라와 러시아는 18세기 동안 태평성대를 이루었다. 예컨대 청나라는 1720년에 티베트를 복속한 후, 1759년에는 몽골 전역을 접수하고 중앙아시아까지 영토를 넓혔으며, 1790년에는 히말라야산맥을 넘어 네팔까지 공격하였다. 반면 러시아는 1720년을 전후하여 동유럽과 발트해를 제패하였으며, 1812년에는 나폴레옹 군대를 격파하는 등 국운이 성하는 시기를 보냈다.

그러나 청나라의 국운은 19세기에 이르러 급격하게 쇠하기 시작하였다. 영국, 프랑스 등 서구 열강의 통상 압력과 침탈로 인하여 국가적으로 어려운 상황에 처했는데, 아이러니하게도 네르친스크 조약(1689)으로 청나라와 국경을 획정했던 러시아 또한 이 시기에는 중국을 침탈하던 세력의 입장에 서 있었던 것이다. 1857년에 러시아가 아무르주(Amur)와 연해주(沿海州)를 설치하는 등 일방적으로 청나라의 영토 일부를 취하였는데, 이때 확장시킨 영토가 오늘날까지도 러시아의 영토로 남게 된 것이다.

[그림 3-4] 예수회 선교사들의 중국지도(18세기)

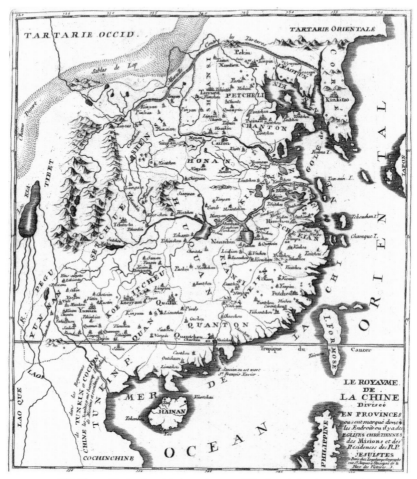

자료: Pierre-Nicolas Buret de Longchamps, 1750, French Jesuit map of China, Paris.

한편, 네르친스크 조약 체결로 러시아와 청나라 간의 군사적 충돌은
일단락되었지만, 우랄산맥 동쪽의 시베리아 일대를 차지한 러시아의 위

력에 강희제는 크게 놀라지 않을 수 없었다. 몽골을 손에 넣고 티베트 원정까지 직접 진두지휘했던 강희제는 대국을 체계적으로 경영하기 위해서는 정확한 지도가 필요함을 절감하였다. 프랑스 선교사 제르비용이 프랑스에서 제작된 중국지도를 강희제에게 보여 주었을 때 상세하지 않은 지리 정보에 또한 놀라지 않을 수 없었다. 그 당시 중국에는 마테오 리치가 제작한 「곤여만국전도」도 있었고, 이택민(李沢民)이 제작한 「성교광피도(声教広被図)」나 청준(淸浚)이 제작한 「혼일강리도(混一疆理図)」와 같은 지도들이 있었겠지만, 정확한 지도를 원했던 강희제는 1708년부터 전국을 실측하여 10년 후인 1717년에 중국 최초의 실측지도인 「황여전람도」를 완성하였던 것이다. 물론, 이 지도를 제작하는 과정에서는 프랑스인 선교사이자 지도학자였던 레지스(Jean – Baptiste Régis. 1663~1737) 등이 큰 기여를 한 것으로 알려진다.

[그림 3-5] 중국 최초의 실측 전국 지도

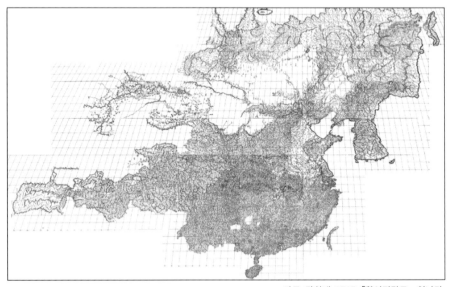

자료: 강희제, 1717, 「황여전람도」, 청나라.

프랑스 지리학자이자 지도학자였던 당빌(Jean-Baptiste Bourguignon d'Anville)이 제작한 17세기 「중국지도」와 1717년에 청나라에서 제작된 지도는 정교함에 있어서 비교도 할 수 없을 정도로 차이가 많이 난다. 프랑스 선교사들의 손에 의해 제작된 강희제의 「황여전람도」는 곧바로 프랑스 본국으로 보내져서 프랑스의 거장 당빌의 손으로 20년 후에 그대로 재현되는데, 이에 관한 내용은 다음 절에서 다루고자 한다.

## 2. 극동에 관한 지리 정보의 유럽 전파

앞에서 이미 살펴본 바와 같이, 1600년대 동안에 서구 세계에서 제작된 동아시아 지도를 보면, 그 형태뿐만 아니라 지리 정보가 대단히 소략하고 부정확했는데, 1717년에 청나라에서 제작된 「황여전람도」를 보면, 오늘날의 지도와 비교하더라도 크게 손색이 없을 정도로 정확도가 크게 향상되었다. 프랑스 왕실에서는 전 세계의 지리 정보를 수집하기 위해 순수한 예수회 선교사가 아닌 과학자들을 선교사의 신분으로 중국에 파견하였는데, 중국에서 제작된 「황여전람도」가 제작 직후에 곧바로 프랑스 본국으로 보내진 것은 그들의 소임을 다하기 위한 것이었다(정인철. 2014).

[그림 3-6] 당빌의 새로운 중국지도

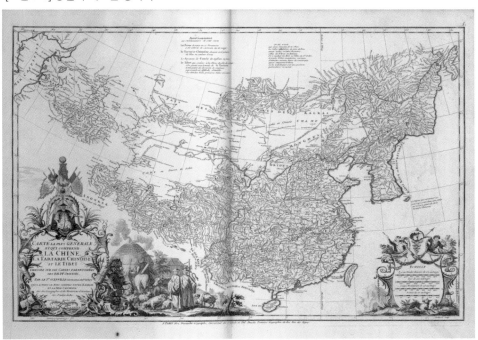

자료: Jean-Baptiste Bourguignon d'Anville, 1735,
「Nouvel Atlas de la Chine, de la Tartarie chinoise et du Tibet」, 프랑스.

프랑스 왕실로 보내진 「황여전람도」는 당빌(Jean‑Baptiste d'Anville, 1697‑1782)에 의해 1735년에 다시 그려지는데, 두 지도는 똑같다 해도 과언이 아닐 정도로 거의 흡사하다. 단 20년 만에 수 세기 동안 막혀 있었던 미지의 세계 극동에 관한 지리 정보가 한순간에 유럽 세계에 공개되었던 것이다. 이는 지리 정보 공유의 차원을 넘어 동양과 서양의 만남을 가속화시키는 역할을 한 것으로 볼 수 있다.

특히 프랑스 지리학자 당빌은 동양에서 건너온 지리 정보를 그대로 재생산하여 유럽과 전 세계에 전파시킨 가장 핵심적인 인물이라 할 수 있다. 18세기 후반에 극동으로 떠난 탐험가 라페루즈(Jean‑François de Galaup, comte de Lapérouse, 1741~1788)도 당빌의 지도를 들고 갔으며, 영국과 러시아 등 전 세계의 지도 제작 주체들은 당빌의 지도로부터 18세기 이후의 세계지도를 다시 그리고 발전시켰던 것이다. 참으로 당빌은 세계지도 발달사에 있어 동서양의 지도가 이어지게 해준 첫 번째 인물이라 할 수 있다.

[그림 3-7] 프랑스 왕실 지도학자 당빌의 초상

자료: 작자미상,
18세기, Portrait d'Jean Baptiste d'Anville.

이번에는 강희제의 「황여전람도」와 당빌의 지도에서 한반도 부분을 비교·분석해 보고자 한다. 두 지도에서 공통적으로 제주도의 위치와 모양, 그리고 크기는 크게 왜곡되어 있으며, 대마도의 모양은 1402년에 조선에서 제작된 「혼일강리역대국도지도」의 대마도 모양과 거의 흡사하다. 이는 1402년에 제작된 조선의 지도나 지리 정보가 일찍이 중국으로 건너간 증거라 할 수 있다. 한국의 북쪽 경계를 보면, 오늘날 한중 간의 경계가 압록강인 것과는 달리 훨씬 더 북쪽 내륙으로 들어간 것을 알 수 있다. 이는 오늘날의 조선족 자치구가 포함되는 간도 지방도 우리 민족의 영토였다는 것을 보여 주는 근거라 할 수 있다.

한반도 중부 동해상에 위치한 울릉도와 우산도를 표현한 부분을 보면 더욱 흥미롭다. 울릉도는 반릉도(礬陵島)로, 우산도는 천산도(千山島)로 표기되어 있으며, 프랑스에서 제작된 당빌의 지도에서는 울릉도가 반릉도의 중국식 발음인 판링타오(Fan ling tao)로, 우산도는 천산도의 중국식 발음인 치앙찬타오(Chiang chan tao)로 표기되어 있다.

섬의 위치는 동해상에 있는 것이 아니고 평해 앞바다에 위치하며, 육지에 가깝게 표현되어 있다. 왜 이런 오류가 발생했는지는 아직까지 명확하게 밝혀진 것이 없지만, 조선의 지도를 중국에서 편집하는 과정에서 오류가 나타난 것으로 추정해 볼 수 있다. 한국의 고지도를 보면, 조선 중기까지는 우산도가 울릉도의 서쪽이나 아래쪽 등 부정확하게 표현되기도 하였는데, 아마도 중국으로 건너간 조선의 지도는 조선 중기 이전의 것으로 보여진다. 그런데 육지의 지리 정보가 비교적 상세하게 표현된 것을 보면, 지도뿐만 아니라 지리지 등 더 많은 자료가 중국으로 전해졌을 가능성도 있다.

[그림 3-8] 「황여전람도」에 표현된 울릉도와 우산도

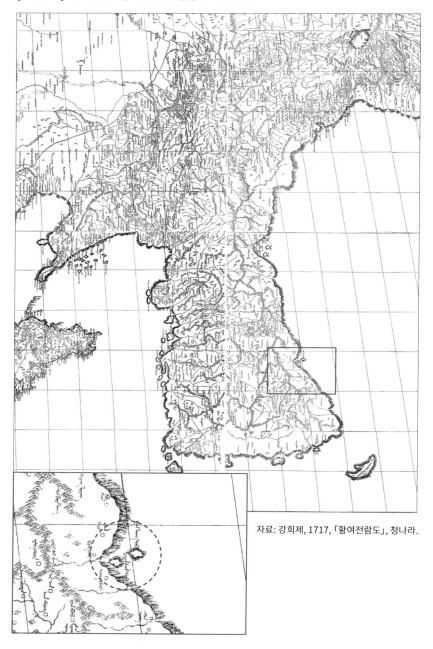

자료: 강희제, 1717, 「황여전람도」, 청나라.

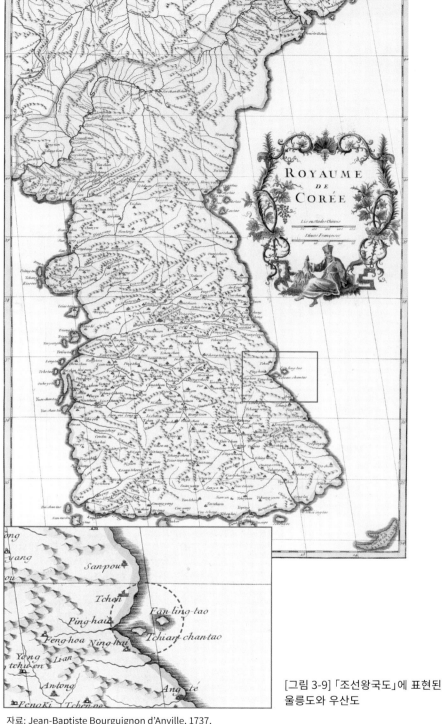

[그림 3-9] 「조선왕국도」에 표현된
울릉도와 우산도

자료: Jean-Baptiste Bourguignon d'Anville, 1737,
「Royaume de Corée」, 프랑스.

지금까지 살펴본 바와 같이, 1717년에 중국에서 제작된 「황여전람도」는 당시 중국에 체류 중이던 프랑스 선교사들에 의해 프랑스 왕실로 보내졌으며, 프랑스 왕실 지도학자였던 당빌에 의해 재현되었다. 프랑스에서 다시 제작된 동아시아 지도에 한반도와 동해상의 섬들(울릉도와 우산도)도 표현되었는데, 그 명칭은 중국식 발음으로 각각 판링타오(Fan ling tao)와 치앙찬타오(Chiang chan tao)로 표기되었다. 프랑스에서 다시 제작된 동아시아 지도는 다양한 언어로 번역되어 18세기 동안에 유럽과 전 세계로 전파되었다.

[그림 3-10] 동아시아 지리 정보의 유럽 전파 (18세기)

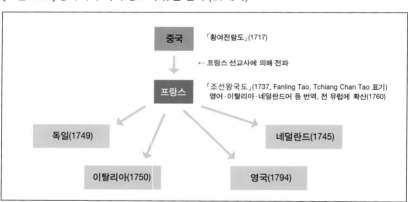

18세기 동안 전 세계로 전파된 동아시아의 지리 정보는 거의 동일하다고 볼 수 있다. 다음에 제시되는 지도들은 18세기 동안에 영국, 프랑스, 독일, 이탈리아, 네덜란드 등지에서 제작된 지도의 한반도 부분도인데, 지도 속의 두 섬의 위치와 모양, 명칭은 거의 똑같다고 할 수 있다. 이 시기에 유럽 사회에서는 해외 탐험과 미지의 세계에 대한 호기심이 지도 제작과 유통에 활기를 불어넣었으며, 경우에 따라서는 지도 제작자들 스스로가 이 나라에서 저 나라로 직접 고용되어 이동하기도 하였다.

[그림 3-11] 이탈리아로의 전파 사례

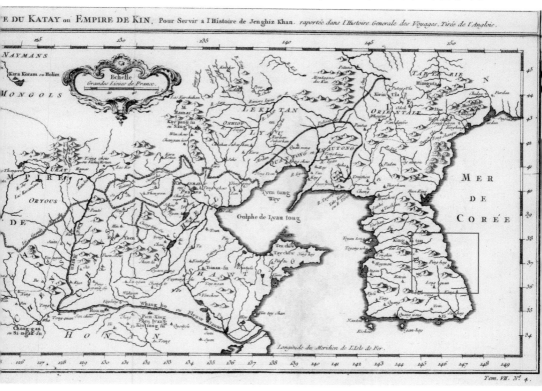

자료: Jacques Bellin, 1750,
「Carte du katay ou Empire de Kin」, Italy.

## [그림 3-12] 네덜란드로의 전파 사례

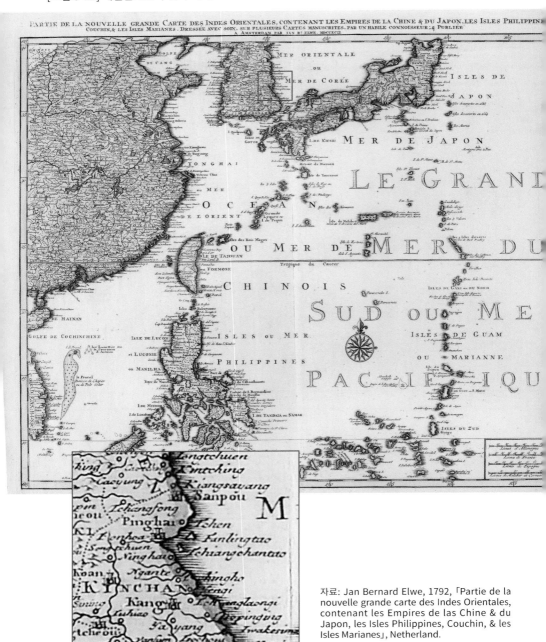

자료: Jan Bernard Elwe, 1792, 「Partie de la nouvelle grande carte des Indes Orientales, contenant les Empires de las Chine & du Japon, les Isles Philippines, Couchin, & les Isles Marianes」, Netherland.

[그림 3-13] 독일로의 전파 사례

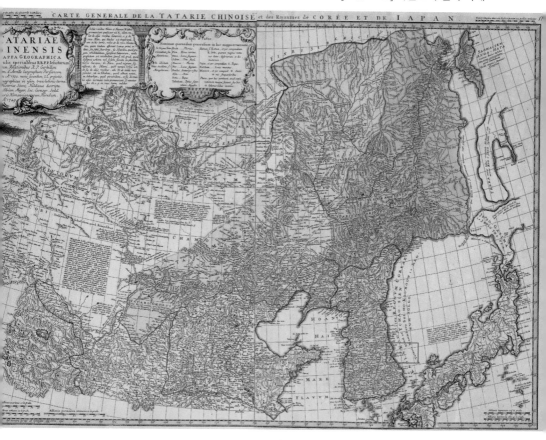

자료: Johann Tobias Mayer, 1749, 「Carte générale de la Tartarie chinoise et dee royaumes de Corée et de Iapan」, Germany.

[그림 3-14] 프랑스에서의 울릉도·우산도 인식 사례

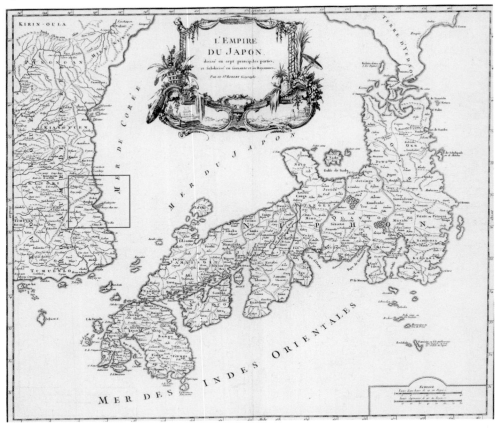

자료: Robert de Vaugondy, 1750, 「L'Em-pire du Japon」, France.

[그림 3-15] 영국으로의 전파 사례

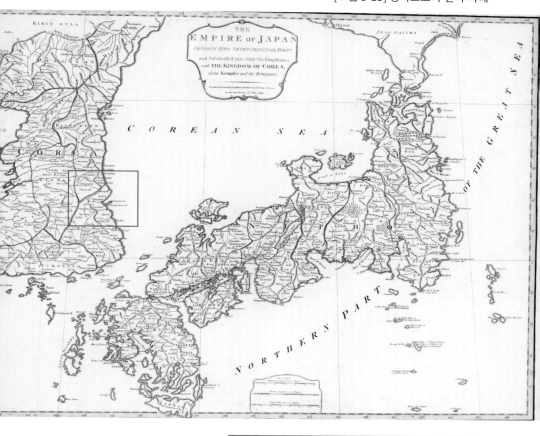

자료: Robert Laurie & James Whittle,
1794, 「The Empire of Japan divided
into seven principal parts and sixty-six
kingdoms with the Kingdom of Corea」,
England.

# 4장

# 지도에 없는 섬을 발견하다

## 1. 라페루즈의 항해와 '울릉도'의 발견

16~17세기 동안에 스페인과 포르투갈이 항로 개척과 탐험을 주도했다면, 18세기 이후에는 영국과 프랑스가 그 역할을 대신하였다. 4장의 첫 번째 절에서는 한국의 동해상을 탐험하면서 울릉도를 목격하고 이를 지도에 반영시킨 프랑스의 탐험가 라페루즈(Jean François de Galaup, comte de La Pérouse, 1741~1788 실종)의 행적과 새로 제작된 지도에 관해 논하고자 한다. 본론으로 들어가기 전에, 우선 라페루즈 당시의 관련되는 대표적인 탐험가 몇 사람에 관한 이야기부터 시작하고자 한다.

[그림 4-1] 프랑스 탐험가 라페루즈

자료: Geneviève Brossard de Beaulieu, 1778, Portrait de 1778 du comte Jean-François de Galaup de La Pérouse.

18세기 동안 영국의 탐험가 제임스 쿡(James Cook. 1728~1779) 선장은 세 차례에 걸쳐 탐험과 대항해를 성공적으로 수행하였으며, 이를 통해 태평양의 많은 섬의 위치와 이름을 정하고, 태평양 지도를 완성시키는 데 큰 공헌을 하였다. 이러한 영국의 활약에 자극을 받은 프랑스의 루이 14세는 해군 장교이자 탐험가였던 라페루즈로 하여금 새로운 항로 개척을 명하였다. 평소에 캡틴 쿡을 존경해왔던 라페루즈는 1785년 8월 1일에 드디어 프랑스 브르따뉴 지방에 있는 브레스트(Brest) 항구를 출발하였다.

[그림 4-2] 루이 16세의 명을 받는 라페루즈

자료: Geneviève Brossard de Beaulieu, 1778, Portrait de 1778 du comte Jean-François de Galaup de La Pérouse.

[그림 4-3] 라페루즈의 항해 경로

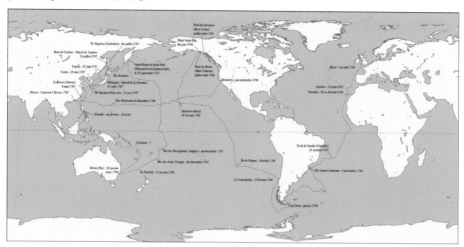

자료: 위키페디아.

프랑스를 떠난 지 22개월 만인 1787년 5월 29일, 라페루즈는 대한해협을 지나 울릉도에 이르렀다. 대부분의 탐험가들은 홍콩이나 일본 열도 남쪽을 지나 태평양으로 빠져나갔지만, 라페루즈는 한반도의 동해상으로 진입하여 울릉도를 발견하고, 같은 배에 동승했던 천문학자 다즐레(Joseph Lepaute Dagelet, 1751~1788)의 이름을 따서 이 섬을 다즐레(Dagelet)라 명명한 것이 후에 세계지도에 그대로 반영되었다.

라페루즈가 프랑스를 출발할 때에는 프랑스 왕실에서 제작된 당빌(d'Anville)의 동아시아 지도를 갖고 있었음이 분명하다. 그가 대한해협을 지나 북동 해상으로 항해하면서 울릉도를 발견한 사실을 지도상에 새롭게 추가했는데, 그가 갖고 있던 지도에 이미 표현되어 있던 Fan ling tao(울릉도)와 Tchian chan tao(우산도)의 존재 여부에 대해서는 전혀 관심도 없었다. 왜냐하면, 이들 두 섬은 라페루즈가 지나가는 항로상에 그려진 것이 아니라 평해(Ping–hay) 앞바다에 가깝게 그려져 있었기 때문이다.

[그림 4-4] 하와이 인근 연안에 정박 중인 라페루즈 함대

자료: 작자미상, 1797, Les frégates l'Astrolabe et la Boussole de l'expédition La Pérouse à Hawai (île de Maui) en 1786, Bnf 소장.

　　라페루즈의 울릉도 발견 사실은 프랑스 왕실에 전해져서 극동의 지도 제작에 곧바로 반영되었다. 그러나 중국의 「황여전람도」를 통해 프랑스로 전해져서 전 세계에 전파되었던 울릉도의 옛날 버전(Fan ling tao) 또한 그대로 남게 됨에 따라 라페루즈의 항해 이후에 제작된 지도에는 한동안 울릉도가 두 번 표현되는 결과를 낳게 되었다. 그렇지만 탐험가가 탐험 과정에서 실제로 목격한 새로운 지리 정보를 지도상에 반영시킨 점은 지도 제작의 역사에서 큰 진전이라 할 수 있다.

울릉도를 목격한 라페루즈는 이
섬에 머물고 있던 사람들에게 접근
하여 자신들이 적(ennemi)이 아니라
는 것을 표현하고자 했으나, 파도가
너무 강해서 결국 이들의 배는 섬으
로부터 멀어지게 되었다. 그 당시 라
페루즈가 목격한 울릉도의 풍경은
다음과 같이 전해지고 있다.

[그림 4-5] 천문학자 다즐레

출처: The French-Australian Dictionary of Biography

이 섬은 한국 해안으로부터 약 100km 정도 떨어져 있으며, 이 섬
의 둘레는 약 15km 정도이며, 이 섬에는 정말 아름다운 나무들
이 많다.

울릉도에서 죽변까지의 거리는 대략 130km인데, 당시 라페루즈가 관
찰하고 기록한 거리는 정확하지는 않지만 실제 거리와 비슷하다고도 볼
수 있다. 또한, 오늘날 울릉도 둘레를 잇는 도로의 길이가 약 52km인데,
라페루즈가 기록한 거리는 실제의 거리와는 오차가 적지 않지만, 그가
실제로 이 섬에 상륙하지 않은 상태에서 어림잡아 이 정도로 추정했다
는 것도 흥미롭다. 울릉도를 발견한 라페루즈는 독도를 발견하지는 못
했으며, 동해상을 한 바퀴 돌아 오호츠크해 방면으로 북상을 계속했다.
여기서 잠시 라페루즈의 주변 인물들과 그를 마지막으로 만났던 사람들
의 기억을 되짚어 볼 필요가 있겠다.

[그림 4-6] 라페루즈 탐험의 동아시아 항로

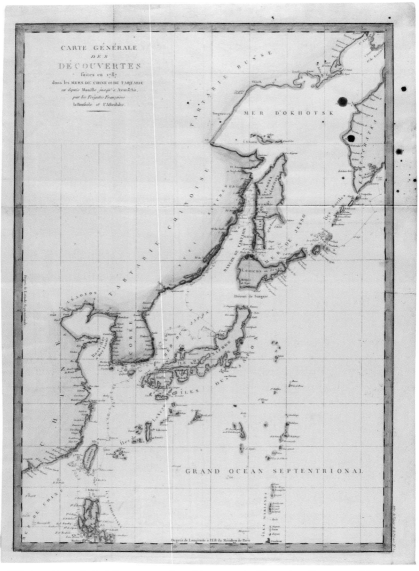

자료: Jean François de Galaup, comte de La Pérouse, 1787, 「Carte des découvertes faites en 1787 dans les mers de Chine et de Tartarie」, France.

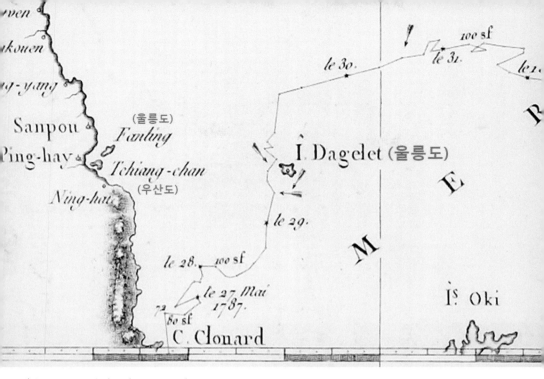

자료: Jean François de Galaup, comte de La
Pérouse, 1787, 한반도 부분도.

[그림 4-7] 라페루즈의 한국 동해상 항로

　1770년 4월 29, 쿡 선장이 이끄는 엔데버(Endeavour)호가 호주 대륙의
동쪽 끝에 있는 보타니 베이(Botany Bay)에 도착하기 전까지 이 지역의 주
인은 애버리진(Aborigine)이라는 부족이었는데, 쿡 선장은 이곳에 8일간
머무는 동안 이 땅을 영국의 영토로 선언하였다. 그런데 안타깝게도 9
년 후 쿡 선장은 1779년 2월 14일, 샌드위치 제도에서 원주민의 창에 맞
아 세상을 떠났다.

　쿡 선장이 보타니 베이를 떠나고 18년 후, 아서 필립(Arthur Phillip,
1738~1814) 선장은 죄수 선단을 이끌고 같은 장소에 도착했다. 그러나 식
민지 개척을 위한 장소로는 적절치 않은 것으로 판단하여 그곳으로부터
북쪽으로 13km 정도 떨어진 포트 잭슨 코브(Cove Port Jackson, 지금의 시드
니)를 발견하고 이곳에 닻을 내렸다. 필립 선장이 도착한 것이 1788년 1

월 18일이었다. 8일 후 26일 아침, 필립 선장은 국기를 게양하고 그 땅을 대영제국의 식민지로 선언하였는데, 바로 그때 라페루즈가 이끄는 프랑스 선단이 보타니 베이로 들어오고 있었다. 라페루즈가 프랑스의 브레스트(Brest) 항구를 떠난 지는 2년 7개월 만이었고, 한국의 울릉도를 지나간 날로부터는 8개월 만에 도착한 것이었다.

[그림 4-8] 대영제국의 식민지 선언(시드니)

출처: Algernon Talmage, 1937.

영국인 아서 필립 선장은 라페루즈가 도착할 것을 이미 예견하고 있었다. 그래서 서둘러 영국의 깃발을 꽂았던 것이다. 라페루즈는 이미 상대 국가에게 한발 늦은 것을 알았음에도 선단을 정비하고 부족한 식량을 보충하기 위해 영국인이 지키고 있는 호주의 보타니 베이로 들어갈 수밖에 없었다.

보타니 베이를 떠나기 전, 라페루즈는 지난 2년 7개월간 작성한 항해 일지를 아서 필립 선장에게 맡기면서 프랑스 왕실에 전해줄 것을 부탁하였다. 항해를 마치고 본인이 직접 국왕한테 갖다 주면 될 것을 왜 굳이 경쟁국 선장을 통해 보냈던 것일까? 가까운 미래에 닥쳐올 자신의 운명을 이미 예견하고 있었던 것인가? 안타깝게도 라페루즈 선단은 사모아로 가던 도중 실종되고 말았다. 8일 늦게 도착하여 경쟁국 선장에게 거대한 땅을 놓쳐 버린 프랑스 탐험가는 그렇게 쓸쓸히 사라져갔다.

오늘날 라페루즈의 흔적은 곳곳에 남아 있다. 호주 시드니에는 라페루즈라는 이름의 아름다운 마을이 있으며, 한국의 울릉도에는 최근에 라페루즈라는 리조트가 만들어졌다. 프랑스의 대탐험가 라페루즈는 차가운 바닷속으로 사라져 갔지만, 그의 자취와 이름은 온 도처에 남아서 많은 이들로부터 그를 추억하게 할 것이다.

[그림 4-9] 아서 필립 선장

한국의 동해는 한반도와 일본 열도로 둘러싸인 고립된 공간으로 인식될 수도 있으나, 사실은 그렇지 않다. 동해는 대한해협을 통해 동중국해로 이어지며, 오호츠크해와 베링해로 나아갈 수 있는 통로 역할을 하고 있다.

출처: 위키페디아.

프랑스 탐험가 라페루즈에 이어, 영국의 해군 제독 출신의 제임스 콜넷(James Colnett, 1753~1806)은 모피 무역선 아르고노트호(the Argonaut)를 이끌고 1791년에 한국 동해상으로 진출하여 새로운 섬을 목격했다고 하는데, 과연 동해상에서 어떤 일이 벌어졌던 것인지 다음 절에서 구체적으로 살펴보고자 한다.

## 2. 아르고노트호의 동해 진출과 '의문의 섬' 발견 [1]

두 번째 절에서는 1791년에 영국의 모피 무역선 아르고노트호(the Argonaut)를 이끌고 한반도 동해상의 울릉도 인근 해역까지 항해했던 제임스 콜넷의 행적에 관하여 살펴보고자 한다. 제임스 콜넷(James Colnett. 1755?~1806)은 1753년에 영국 데본셔 데본포트에서 태어났다. 콜넷은 1770년에 영국 해군에 입대하여 갑판원(Able Seaman)부터 시작하여 1771년에는 장교 후보생 신분으로 제임스 쿡의 제2차 태평양 항해(1772~1775)에 참여하였다. 1779년에는 장교 시험에 합격하여 소위(Third Lieutenant)로 임관하였으며, 1783년에는 대위(First Lieutenant)가 되었다.

1786년에 해군에서 휴직한 콜넷은 1786년부터 1791년까지 북서 아메리카산 해달 모피를 중국에 가져다 파는 상선 아르고노트호의 선장으로 활동하였다. 그 후 해군에 복귀하여 1792년부터 1794년까지는 중남미의 태평양 연안에서 조업하던 자국의 포경선단을 보호하는 일을 하였으며, 1794년에는 해군 중령(Commander)으로 프랑스와의 전쟁에 참전하였다. 1796년에는 그가 타고 있던 HMS

[그림 4-10] 아르고노트호의 함장 제임스 콜넷

자료: https://www.royalacademy.org.uk/

---

1. 본 절의 내용은 한국지도학회지 18권 3호에 게재된 논문(영국 상선 아르고노트호의 동해 항해와 '의문의 섬' 발견)을 재구성한 것임.

[그림 4-11] 제임스 콜넷의 태평양 항해도(1773-1803)

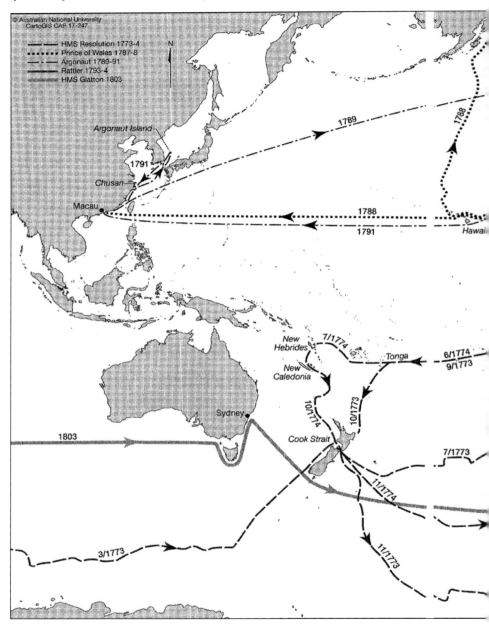

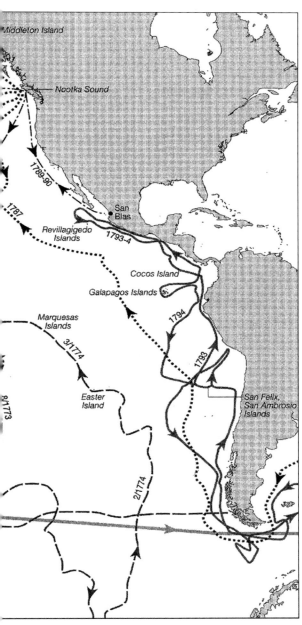

Middleton Island

Nootka Sound

1789-90

1787

San
Blas

Revillagigedo
Islands

1793-4

Cocos Island

Galapagos Islands

1794

Marquesas
Islands

3/1774

1793

Easter
Island

San Felix,
San Ambrosio
Islands

8/1773

2/1774

범례설명: 위부터 아래로,
1. 제임스 쿡의 제2차 항해 참여(1773-1774),
2. 1차 모피무역 항해(1787-1788),
3. 2차 모피무역 항해(아르고노트호, 1789-1791),
4. 중남미 해안 항해(1793-1794),
5. 유형자 수송 항해(1803).

출처: Mawer, 2017(Chart of Colnett's voyages 1773-1803, Aus-
tralian National University).

Hussar호가 좌초되면서 프랑스군에 생포되어 6개월간 포로로 잡혀 있었으며, 1796년부터 1802년까지는 휴직하였다. 1802년부터 1805년까지는 HMS Glatton호의 선장으로 호주 일대를 항해한 후, 1806년에 런던에서 생을 마감하였다(캐나다 인명사전).

제임스 콜넷의 태평양 항해는 총 5회에 이른다. 첫 번째는 제임스 쿡 선장의 제2차 항해에 참여한 것이며(1773~1774), 두 번째는 1차 모피 무역 항해였고(1787~1788), 세 번째는 2차 모피 무역 항해였다(1789~1791). 그리고 네 번째는 중남미 태평양 해안 항해였고(1793~1794), 다섯 번째는 유형자 수송을 위한 항해였다(1803).

콜넷의 대양 항해는 여러 차례 이루어졌는데, 이 책에서는 아르고노트호를 이끌었던 제2차 모피 무역 항해를 중심으로 논하고자 한다. 콜넷의 2차 모피 무역 항해는 북서 태평양 해안의 모피 무역 중심지였던 누트카(Noutka, 현재 캐나다 밴쿠버섬)에 영구적인 거점을 마련하는 것과 해달 모피를 구하여 중국에 판매하는 것이 목적이었다(Howay. 1940). 콜넷은 누트카에 모피 무역의 거점을 마련하기 위해 중국인 인부와 자재를 직접 배에 태워 밴쿠버섬에 위치한 누트카 사운드로 들어갔는데, 누트카에 진을 치고 있던 스페인군 기지의 사령관 에스테반 호세 마르티네즈(Esteban José Martínez)는 콜넷 선단을 나포하고, 콜넷과 그의 선원들을 멕시코의 산블라스(San Blas)로 압송하였다.

당시 누트카에는 이미 스페인군이 기지를 구축해 놓은 상황였으며, 1789년 이전에 이미 스페인이 북서아메리카 대륙에 대한 독점적인 영유권을 주장하고 있었다. 한편 18세기 중엽 이후 러시아인들이 시베리아에서 알래스카까지 모피를 수렵하는 상황이 스페인 측에 위협이 됨에 따라 스페인은 북서아메리카 대륙의 해안을 직접 탐험하여 주요 거점에 요새를 구축하였던 것이다. 특히 북위 61°선을 경계로 그 남쪽 지역에 대해서는 스페인이 자신들의 영유권을 주장하는 상황에서 영국 해군 출신의 콜넷이 고용된 모피 무역 상선이 모피를 구하기 위한 목적으로 누트카에 등장함으로써 영국과 스페인 간의 충돌 상황을 불러오게 되었다.

[그림 4-12] 북서 아메리카 해안의 주요 모피 무역 거점

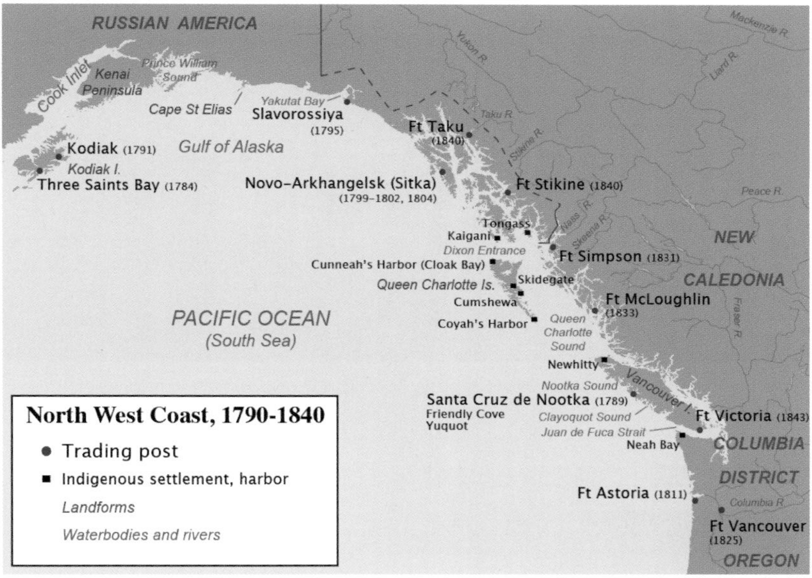

자료: 위키페디아.

콜넷이 이끄는 선단이 스페인군에 나포되었다는 소식을 들은 영국의 군 당국은 비록 콜넷이 휴직 상태였음에도 불구하고 자국 해군이 체포된 것을 빌미로 스페인과의 전쟁도 불사하겠다는 입장을 보이자 스페인은 한발 물러나 양국이 그 지역을 공동으로 이용한다는 조건으로 영국과 '누트카 협정'을 체결함에 따라 양국의 충돌은 일단락되었다. 석방된 콜넷은 북서 아메리카 해안에서 해달 모피 1,100장을 구한 후 중국의 마카오를 향해 출항하였다(Howay. 1940).

[그림 4-13] 스페인군에 나포되는 콜넷과 그의 일행들

자료: Library of Congress, Dodd, R., 1789, Spanish Apprehending of British Officials.

[그림 4-14] 누트카에서 견인되는 아르고노트호

출처: https://www.gotofino.com/

제임스 콜넷의 2차 모피 무역 항해는 콜넷이 함장으로 탔던 '아르고노 트호'와 토마스 허드슨(Thomas Hudson)이 함장으로 타고 있던 '프린세스 로열호'로 선단이 구성되었다. 콜넷 일행은 1789년 4월에 마카오를 출 발하여 7월 2일 누트카에 도착하였다. 전술한 바와 같이 콜넷 선단은 누 트카에 도착한 직후 스페인군에 나포되어 산블라스로 압송되어 억류되 어 있다가 1790년 5월에 석방된다. 콜넷 선단은 1790년 10월부터 1791 년 3월까지 북서아메리카 해안 일대에서 해달 모피를 수집하여 1791년 5월에는 마카오로 귀환하였다.

제임스 콜넷의 2차 모피 무역 항해는 북서아메리카 해안에서 해달 모 피를 확보하여 중국에 파는 형태의 중계 무역이 목적이었으며, 당시 중 국 광둥에는 영국의 동인도회사가 운영하는 교역소가 있었다. 콜넷이 해달 모피를 배에 싣고 마카오로 들어가던 무렵인 1791년 초부터 1792 년 3월 말까지 중국 정부는 모피 무역의 금지 조치를 내리게 된다. 이는 당시 러시아와 전쟁 중이던 중국이 러시아에 타격을 주고자 모피 무역 을 금지시킨 것이었는데, 공교롭게도 중국 시장을 겨냥해서 모피를 싣 고 갔던 콜넷으로서는 당혹스러운 일이 아닐 수 없었다. 따라서 콜넷은 그들이 갖고 있던 해달 모피를 소진할 다른 판로를 찾지 않으면 안 되는 상황에 직면하였다.

예기치 못한 상황에서 아르고노트호의 선주들은 해달 모피의 판로를 조선이나 일본에서 찾을 것을 요구하였다. 이를테면, 우선적으로 조선 과 일본 간의 중계 무역을 하고 있던 쓰시마섬에 가서 모피가 조선과 일 본에서는 각각 어느 정도의 가격에 거래되고 있는지 등에 관하여 알아 본 후 Jeddo(현재의 도쿄)로 가서 우선 판매를 시도해 보고, 여의치 않으면 조선으로 가서 거래를 시도해 보라는 것이었다. 또한, 일회성 거래에 그 치지 말고 가급적 매년 정기적인 거래가 가능하도록 협상할 것과 모피

뿐만 아니라 모직물, 주석, 납, 철광석, 철물, 시계나 직물 등 영국에서 생산되는 물건들을 판매할 수 있는지 여부 등에 관해서도 알아보라는 주문이었다.

**[표 4-1] 아르고노트호의 승조원 현황**

| 역할 및 직책 | 인원수 |
| --- | --- |
| 함장(Commander) | 1 |
| 항해사(Mates) | 3 |
| 갑판장(Boatswain) | 1 |
| 사수(Gunner) | 1 |
| 무기담당 부사관(Armourer) | 1 |
| 돛 수선공(Sailmaker) | 1 |
| 통 장인(Cooper) | 1 |
| 갑판수(Quarter Master) | 2 |
| 선원(Seaman) | 7 |
| 견습 선원(Boy) | 2 |
| 중국인 통역(Interpreter) | 1 |
| 탑승객(Passenger) | 1 |
| 계 | 22 |

출처: Howay, 1940.

[그림 4-15] 캐나다 동부의 모피 무역 지도

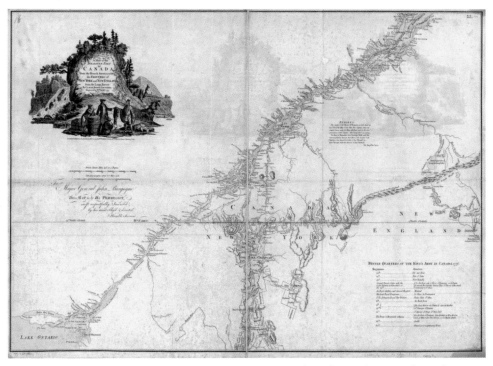

자료: William Faden, 1777, Library of Congress.

[그림 4-16] 모피 무역상과 아메리카 원주민

자료: Granger Historical Picture Archive.
그림 설명: William Faden(1777) 지도의 일부분을 그림으로 표현한 것임.

콜넷 일행은 1791년 7월 26일, 마카오를 출발하여 일본을 향해 중국의
남동 연안을 따라 북상하였다. 콜넷의 아르고노트호는 8월 9일에 제주
도 인근 해역에 도착하였으며, 선수를 일본 방향으로 돌려 8월 11일부
터 20일까지는 일본의 규슈 및 혼슈 북부 해안에 도착하여 원주민들과
접촉을 시도하였으나 무역 거래는 실패하였다. 8월 21일에는 일본의 혼
슈 북쪽 해안에서 출발하여 26일에는 조선의 울산(추정) 인근 연안에 이
르렀는데, 해안 가까운 곳에 정박을 시도하다 원주민의 공격을 받고 퇴
각할 수밖에 없었다. 콜넷이 이끄는 아르고노트호는 한반도의 남동 연
안을 따라 북쪽으로 향하였다(Howay. 1940).

조선 동해상을 따라 북상 중이던 콜넷 일행은 8월 30일 오후 무렵에 울릉도 인근 해역을 항해하고 있었는데, 악천후를 만나 더 이상 북쪽으로 진행하기 어려운 상황이었던 것으로 추정된다. 항해일지에 따르면, 그날 오후 5시 무렵 콜넷 일행은 '수직의 거대한 암벽으로 된 바위 섬(a tremendous and perpendicular rock)을 발견했으며, 오후 11시 무렵에는 격랑으로 인해 아르고노트호의 방향키의 축받이(gudgeon)가 부러지는 사고가 발생했다.

[그림 4-17] 콜넷의 중국-일본 간 항로

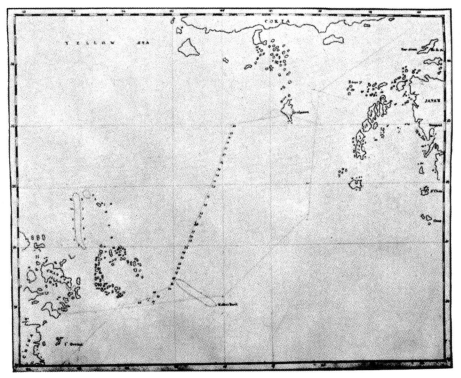

출처: Howay, 1940.

[그림 4-18] 울릉도 인근 해상에 위치한 죽도

자료: 울릉군청 제공.

　악천후 속에서 콜넷이 발견했다는 섬은 제임스 콜넷의 항해도상에는
그려졌으나, 다른 지도에는 곧바로 표현되지 않았으며, 다만 '배의 방향
타에 문제가 발생한 지점에서 섬 하나를 발견했다'라는 표시를 하는 정
도에 그쳤다. 이러한 지도의 표현은 이 지도를 제작한 애로스미스가 콜
넷이 발견했다는 섬이 울릉도일 가능성이 높은 것으로 판단한 결과로
추정된다. 그러나 1811년에 애로스미스가 제작한 지도에는 아르고노트
섬의 명칭이 기재되는데, 이는 아르고노트 섬이 발견되었다는 지점의
측정치(북위 37°52´, 동경 129°53´)가 울릉도의 위치와 차이가 남에 따라 아르
고노트 섬을 울릉도와 다른 새로운 섬으로 인식하고 표현한 것으로 사
료된다. 즉 콜넷 일행이 발견했다는 섬은 프랑스 탐험가가 발견했다는

[그림 4-19] 콜넷의 일본-조선 간 항로도

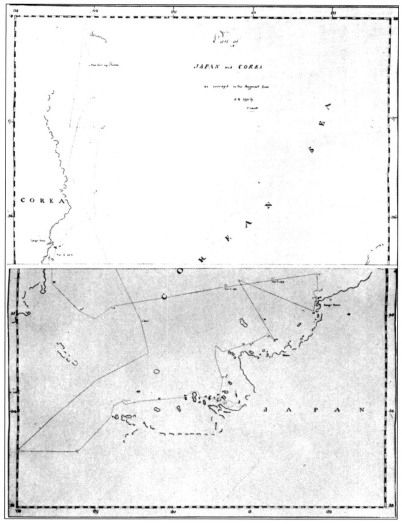

출처: Howay, 1940,

다즐레와는 다른 섬으로 인식되었던 것이다. 이러한 인식의 결과 아르고노트 섬이 지도상에 등장했고, 그 존재가 없다는 것이 명확하게 확인된 19세기 후반까지 지속적으로 표현되었다.

지금까지 살펴본 바와 같이 19세기 전반부 동안에 각종 세계지도에 표현되었다가 사라진 '의문의 섬' 아르고노트는 제임스 콜넷이 타고 있던 상선의 이름을 따서 붙여진 것이었는데, 실존하는 섬은 아니었지만 영국에서 제작된 지도에 이 섬이 표현된 직후부터 19세기의 맵 트레이드 과정에서 전 세계 지도 제작에 급속하게 전파되었다.

[그림 4-20] 아르고노트호의 항적과 사고 지점이 표시된 지도

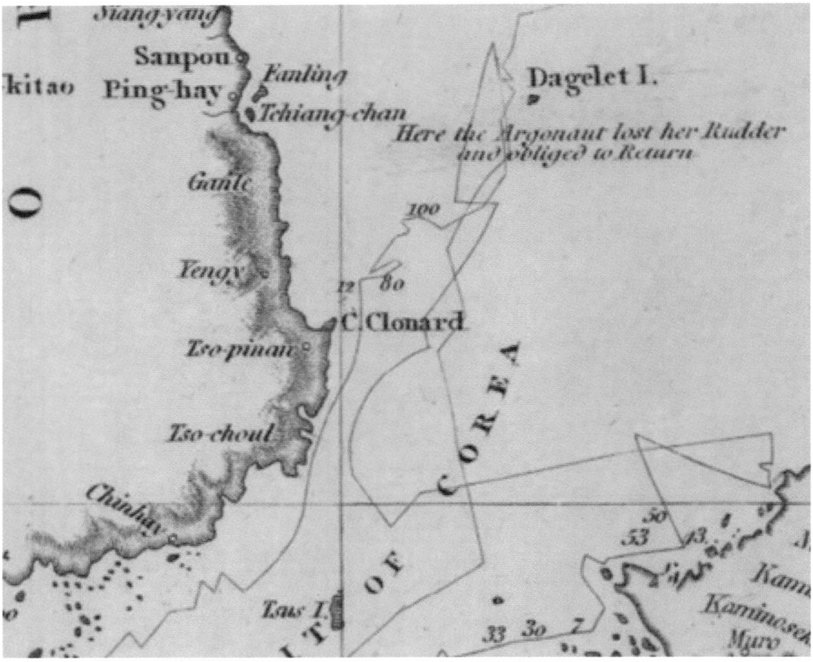

자료: Arrowsmith, 1798.
지도 설명: 이 지도에는 아르고노트 섬의 명칭이 표기되지 않았다.

1798년 지도에는 콜넷이 발견한 '의문의 섬'이 표현되지 않고, 항적과 악천후를 만나 방향타가 부러진 지점만 표현되었는데, 1811년 지도에는 실존하는 섬 아르고노트가 표현되기 시작했다. 이는 당시의 지도 제작이 과학적인 측량을 기반으로 이루어지던 상황에서 새로운 섬의 발견 지점에 대한 경위도 측정치가 다즐레(울릉도)의 위치와 차이가 나는 것으로부터 기인한 것으로 볼 수도 있고, 다른 한편으로는 경쟁 관계에 있던 프랑스가 울릉도를 발견하고 다즐레라 명명했던 것을 의식하여 새로 발견한 섬이 다즐레와 같은 섬일 수도 있다는 것을 알면서도 의도적으로 그들이 발견한 그들의 명칭으로 지도에 표현했을 가능성도 배제할 수 없다. 지도 제작 과정에서 드러나는 영불 간의 경쟁 관계와 아르고노트 섬의 정체가 밝혀지는 과정에 대해서는 5장에서 구체적으로 다루고자 한다.

[그림 4-21] 지도 제작자 아론 애로스미스
출처: *Outlines of the World*, 1825.

[그림 4-22] 애로스미스의 1811년 지도

[그림 4-23] 아르고노트 섬이 표현된 최초의 지도

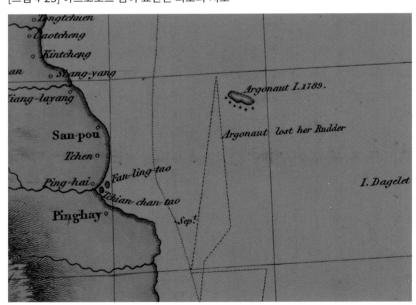

지도 설명: 1798년에 제작된 지도와는 달리 아르고노트 섬이 별개의 섬으로 표현되었다. 그런데 이 지도에서 섬의 명칭 옆에 1789라는 숫자가 보이는데, 이는 제임스 콜넷이 '의문의 섬'을 발견한 연도(1791)가 아닌 영국에서 출발하던 당시의 연도(1789)를 오기한 것이다.

# 5장

## '섬들의 정체'에 의문을 갖다

### 1. 브로튼의 동해안 탐사와 오류의 발견

중국과 영국 간의 아편전쟁(1840~1842)이 말해 주듯이 영국은 18세기 후반 이후로 줄곧 중국과의 교역에 관심이 많았다. 동아시아에 위치해 있는 중국과의 교역이 본격화된다면, 당연히 많은 수의 선박이 왕래하게 될 것인데, 이를 위해서는 필수적으로 해도 제작이 우선적인 과제였다. 따라서 동아시아 해역에 대한 해도 제작의 미션은 해군 장교였던 윌리엄 브로튼(William Robert Broughton, 1762~1821) 선장에게 주어졌다.

브로튼은 18세기 후반 영국의 해군 장교였다. 브로튼은 1774년 11월 18일에 존 린지(John Linzee) 선장이 지휘하는 북아메리카 항해에 처음으로 합류했다. 그 후 브로튼은 1778년 7월 12월부터 동인도에서 근무하기 시작했으며, 1790년대 초반에는 왕립 해군 중위로서 조지 밴쿠버(George Vancouver, 1757~1798) 선장이 이끄는 태평양 탐험 원정대에 참여하여 HMS Chatham호를 지휘했다(Tracy, 2006).

[그림 5-1] 영국의 해군 장교 윌리엄 브로튼

출처: 위키페디아.

　1793년 10월 3일, 브로튼은 지휘관으로 승진하여 이전에 윌리엄 블라이(William Bligh) 선장이 지휘했던 함선인 HMS Providence를 지휘하게 되었다. 브로튼 선장은 태평양을 건너와서 북태평양과 동아시아 일대를 항해했는데, 이때 쿠릴제도, 일본, 오키나와 등 북위 35도에서 52도 사이의 아시아 해안을 4년간에 걸쳐 측량했다.

　예컨대 1796년, 브로튼 선장은 마카오에서 겨울을 보내기 전에 9월부터 일본 혼슈와 홋카이도 동쪽 해안의 해도를 제작했다. 그 이듬해, 그는 다시 일본으로 돌아가서 혼슈 동해안을 따라 북쪽으로 항해를 계속했다. 브로튼은 홋카이도의 북쪽과 남쪽을 왕복하며 관측했고, 이어서 사할린의 서쪽 해안을 따라 북쪽으로 항해를 계속하다가 남쪽으로 방향을 돌렸다(Laughton, 2004). 그는 한국의 동해안을 따라 남쪽으로 항해했다(Tracy, 2006).

[그림 5-2] 스케치 된 HMS Providence호

출처: George Tobin, 1791, New South Wales State Labrary.

[그림 5-3] 조지 밴쿠버 선장

출처: 위키페디아.

5장. '섬들의 정체'에 의문을 갖다 | 111

[그림 5-4] 브로튼의 북태평양 탐험도

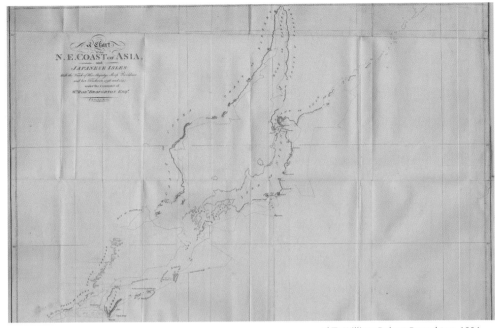

자료: William Robert Broughton, 1804.

브로튼 선장이 청진과 원산 앞바다를 거쳐 한국의 동해안을 따라 남쪽으로 항해하면서 이상한 점을 발견하였다. 출항 전 그들이 가지고 온 지도에는 Fan ling tao(울릉도)와 Chiang chan tao(우산도)라는 섬들이 분명 평해 앞바다에 있는 것으로 표기되어 있었는데, 실제로 항해를 하면서 보니 어떤 섬도 발견할 수 없었던 것이다. 브로튼 선장의 이번 항해를 통해 1737년에 프랑스 지도학자 당빌의 아시아 지도에 포함되어 있던 지리 정보의 오류는 바로잡히게 되었다. 당빌의 지도에서 나타난 오류는 사실 1717년에 청나라에서 제작된 「황여전람도」에 표현되었던 울릉도와 우산도의 지리 정보가 정확하지 않았던 것으로부터 기인하는 것인데, 1797년에 이르러 그러한 문제가 바로잡히게 되었던 것이다.

항해 도중 브로튼 선장은 선박에 식수가 떨어져서 1797년 10월 14일,

부산의 초량 포구에 입항했다. 선장과 그의 부하들은 부산에 상륙했는데, 이것이 우리나라와 영국의 첫 번째 만남이었다. 브로튼 선장은 1799년에 영국에 도착했다.

브로튼의 항해 이후에 제작된 지도를 보면, 한반도 동해안에 표현되어 있던 두 섬(Fan ling tao와 Chiang chan tao)은 흔적도 없이 사라졌으며, 동해상에는 영국의 콜넷(James Colnett) 선장이 발견한 아르고노트(Argonaut) 섬과 프랑스의 라페루즈(La Pérouse)가 발견한 다즐레(Dagelet), 그리고 일본의 오키섬(Oki) 등 세 개의 섬이 명확하게 자리 잡기 시작하였다. 19세기 후반부에 일본에서 제작된 지도 또한 이렇게 수정된 지리 정보가 반영된 것을 확인할 수 있다.

[그림 5-5] 브로튼의 한반도 동해안 탐사도

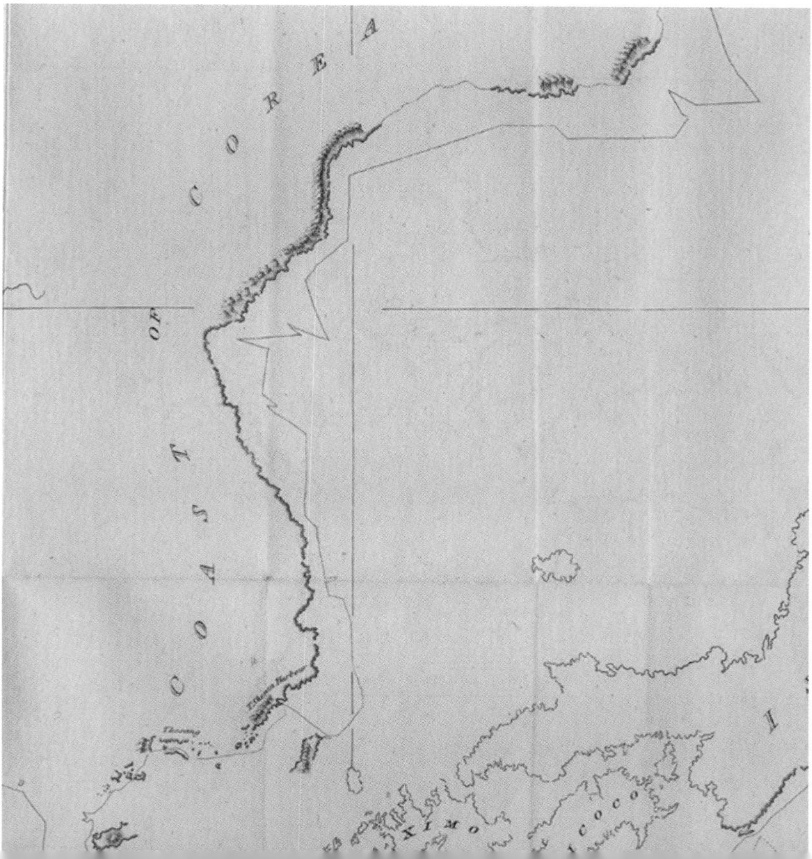


자료: William Robert Broughton, 1804.

[그림 5-6] 윌리엄의 동해 탐사 이후에 제작된 지도 사례(1)

자료: James Wyld, 1827, 「Asia」, England.

[그림 5-7] 윌리엄의 동해 탐사 이후에 제작된 지도 사례(2)

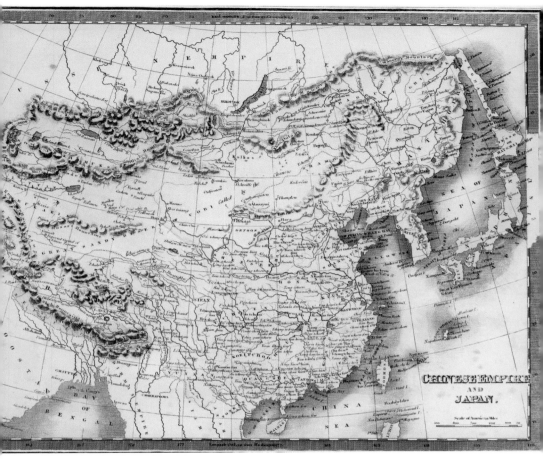

자료: David Burr, 1835, 「Chinese Empire
and Japan」, USA.

[그림 5-8] 윌리엄의 동해 탐사 이후에 제작된 지도 사례(3)

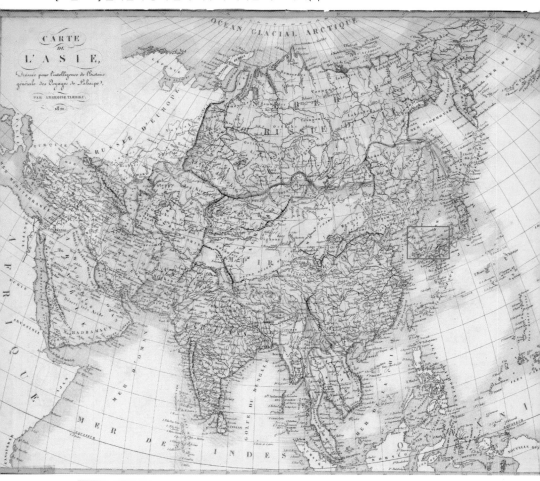

자료: Ambroise Tardieu, 1821,
「Carte de L'Asie」, France.

[그림 5-9] 윌리엄의 동해 탐사 이후에 제작된 지도 사례(4)

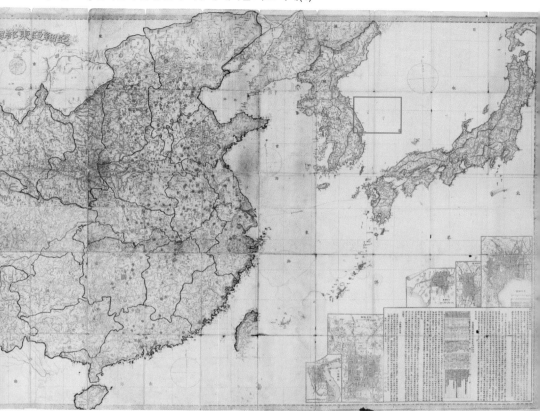

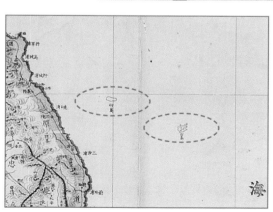

자료: 육군참모국, 1875,
『아세아동부여지도(亞細亞東部輿地圖)』, 일본.

## 2. '아르고노트'는 실존하지 않는 섬 [2]

두 번째 절에서는 1791년에 영국의 해군 장교인 제임스 콜넷이 모피 무역선 '아르고노트호'를 이끌고 한반도 동해상에 진출했을 때 발견했다는 '의문의 섬' 아르고노트의 정체가 밝혀지는 과정을 살펴보고자 한다. 특히 18세기 말에서 19세기 전반부의 시기 동안에 서구의 탐험가들이 한반도 동해상을 측량하고 지도 제작을 하던 상황의 일부를 구체적으로 재현함으로써 탐험과 발견의 역사, 그리고 지도 제작의 과정을 좀 더 자세히 들여다볼 수 있을 것이며, 프랑스의 포경선 리앙쿠르호의 독도발견 이후 프랑스 해군성 관계자들의 독도 인식 및 지도 제작 과정에서 독도가 표현되는 역사적 맥락을 재조명함으로써 외부 세계의 독도 인식의 시점과 과정을 명확하게 확인해 보는 기회가 될 것이다.

18세기 후반, 라페루즈로부터 시작된 프랑스 해군의 대항해 시대는 1840년 뒤몽뒤빌(Jules Sébastien César Dumont d'Urville)의 3차 세계 일주 탐사로 거의 막을 내렸다. 이들의 자취를 좇아 카프리시으즈호는 프랑스 해군 범선으로는 마지막 세계 일주 여정에 오른 것이었다. 당시 카프리시으즈(La Capricieuse)호의 함장 호끄모헬(Louis François Gaston Marie Auguste de Roquemaurel. 1804~1878)의 개인비서 역할을 했던 사관 후보생 아벨 베흐갸쓰의 다음과 같은 기록은 이 탐사가 얼마나 어려운 것이었는가를 짐작하게 해준다.

---

2. 본 절의 내용은 한국지도학회지 18(2)에 게재된 논문(프랑스 탐사선 카프리시으즈호의 동해 탐사와 지도 제작)을 재구성한 것임.

이 탐사는 어려운 것이었다. 프랑스로부터의 소식은 드물었고, 물자 보충의 문제, 전염병의 만연, 아직 탐사되지 않은 위험한 해안들 등 걱정스러운 것들뿐이었다. 그동안의 탐사로 인해 지치고 허약해지고 천식으로 고생하는 등 모든 것들이 카프리시으즈호를 이끄는 함장의 짐을 무겁게 하였지만, 그는 조금도 흔들리지 않았다(Abel Nicolas Georges Henri, 1906).

그러나 카프리시으즈호가 오랜 기간 임무를 마치고 툴롱(Toulon) 항으로 돌아왔을 때 호끄모헬 일행을 기다리고 있던 것은 크림전쟁(1853~1856)의 출정을 위해 대기하고 있던 수많은 증기선들이었다. 당시의 상황을 목격했던 아벨 베흐갸쓰의 증언은 다음과 같다.

많은 동료들을 잃고 툴롱으로 돌아왔을 때, 크림으로 떠나는 Armand Joseph Bruat 제독의 함대가 기다리고 있었다. 모든 배들은 증기선이었다. 기계가 인간의 힘을 대신하는 새로운 시대가 시작된 것이다. 미래가 거기에 있었다. 카프리시으즈호는 이제 과거일 뿐이다!(Klein, 1995, 10)

호끄모헬을 비롯한 승무원들과 카프리시으즈호는 쓸쓸히 역사의 저편으로 사라질 수밖에 없었지만, 오랜 시간 많은 어려움을 이겨내고 좀더 정확한 지도 제작을 위해 노력한 이들의 행적을 살펴보는 것은 의미 있는 일이라 할 수 있다.

카프리시으즈호는 총 길이 43.9미터, 너비 11.8미터의 규모로 툴롱에서 건조되어 1849년 7월 5일에 진수된 군함이다. 이 배의 첫 함장은 아흐노 드 고스(Arnault de Gorse) 중령이었는데, 1850년 2월 13일 나폴레옹

3세의 명령에 따라 특별 임무 수행을 위해 호끄모헬 대령이 카프리시으즈호의 함장으로 임명되고, 고스 중령은 올리비에(Olivier)호의 지휘를 맡게 되었다.

[그림 5-10] 프랑스의 군함 카프리시으즈호

CORVETTE "LA CAPRICIEUSE"

자료: Archives nationales du Québec, Centre d'archives de Québec 소장.

카프리시으즈호의 표면상의 임무는 중국해에 있는 해군 기지에 주둔하는 것이었지만, 호끄모헬의 계획은 세계 일주를 하면서 탐사와 과학 조사를 하는 것이었다. 그가 1843년에 계획한 '오세아니아 수로 탐사'와 관련된 이번 항해의 목적은 다음과 같다(Zanco, 2008). 첫째, 수로학 및 지리학적 조사가 목적이었다. 즉 항해사들이 오세아니아 섬들을 둘러싸고 있는 암초를 무사히 통과하고, 해안을 살피며 안전한 항해를 하기 위해서는 선상에서 제작된 단순한 지도 이외에 정밀한 지도 제작이 요구되었기 때문이다. 둘째, 민속학과 동·식물 연구이다. 즉 이 지역에 사는 미개인들은 오세아니아 동쪽에서 생성되기 시작한 초기 문명의 빛을 이제 겨우 접하였는데, 이러한 원시 문화에 대한 연구는 인류 역사에서 흥미로운 한 페이지가 될 것이기 때문이다. 게다가 넓게 펼쳐진 그 지역의 섬들은 동·식물학(자연학) 연구에도 중요한 소스를 제공해 줄 것으로 기대되었기 때문이다. 셋째, 과학적인 목적이다. 즉 시계의 변덕에 따라 달라지는 경도 측정의 어려움이 있었는데, 넓은 바다에서 천문 관측을 통한 자오선의 측정은 수로학자들에게 새로운 어떤 기준점을 제시해 줄 수도 있는 일이었다. 따라서 자오선 측정을 위해 수로학자이자 천문학자로도 잘 알려진 무쉐(Ernest Amédée Barthélemy Mouchez) 대위가 호끄모헬 일행과 동행하고 있었다.

1850년 5월 28일 툴롱항을 출항할 당시 카프리시으즈호에는 262명의 해군 소속 장교와 병사 이외에 약 150명의 외부인이 탑승해 있었다. 프랑스 정부는 국민위병 출신의 이들 150명의 모든 여행 경비를 지원하며, 금을 찾는 꿈에 부푼 이들의 미국 서부로의 이민을 적극 지원하였다. 다음은 카프리시으즈호의 출항 당시 승조원 262명의 역할 및 직책에 관한 자료이다(표 5-1).

**[표 5-1] 카프리시으즈호의 승조원 현황**

| 역할 및 직책 | 인원 수 |
|---|---|
| Capitaine de vaisseau, Commandant (함장, 대령) | 1 |
| Lieutenants de vaisseau (전함 부관, 대위) | 3 |
| Enseignes de vaisseau (전함 일등부관, 중위 / 전함 이등부관, 소위) | 3 |
| Aspirant de 1re classe (1등 사관후보생) | 1 |
| Commis d'administration (행정직) | 1 |
| Chirurgiens-Docteurs (외과의) | 3 |
| Aumônier (사제) | 1 |
| Aspirants de 2e classe (2등 사관 후보생) | 11 |
| Premiers maîtres (일등기장, 상사) | 8 |
| Seconds maîtres (이등기장, 하사) | 6 |
| Quartiers maîtres (일등조타수, 수병장 / 이등조타수, 상등수병) | 15 |
| Fourriers (병참장교) | 2 |
| Matelots de 1e classe (일등선원) | 8 |
| Matelots de 2e classe (이등선원) | 17 |
| Matelots de 3e classe (삼등선원) | 109 |
| Apprentis marins et novices (견습선원) | 38 |
| Mousses (어린 견습선원) | 20 |
| Surnuméraires (정원 외) | 15 |
| Total au départ (합계) | 262 |

출처: Jacques Ronze, 2009.

그리고 주요 직책을 맡은 12명의 리스트는 [표 5-2]와 같다. 약 3년 10개월에 걸친 세계 일주 동안 호끄모헬 일행은 56명을 각 대륙 또는 바다에서 잃고, 방문한 여러 지역에서 31명이 새로 승선하였다(Ronze, 2009).

[표 5-2] 카프리시으즈호의 핵심 인물과 직위

| 이름 | 직위 |
|---|---|
| 호끄모헬(Rocquemaurel Louis, François, Gaston, Marie, Augustin) | 함장(Capitaine de vaisseau, commandant) |
| 뒤호(Duroch Joseph, Antoine) | 대위(Lieutenant de vaisseau de 1re classe, second du bâtiment) |
| 빠또(Patau Joseph, Bonaventure, Edouard) | 대위(Lieutenant de vaisseau de 2e classe) |
| 무쉐(Mouchez Amédée, Ernest, Barthélémy) | 대위, 천문학자(Lieutenant de vaisseau de 2e classe, chargé des routes) |
| 베들(Vedel Casimir, Félix) | 소위(Enseigne de vaisseau) |
| 부흐갸헬(Bourgarel Frédéric, Amable) | 소위(Enseigne de vaisseau) |
| 파뚜(Fatou Emile, Auguste) | 소위(Enseigne de vaisseau, laissé à Taïti) |
| 르떼흐섹(Le Tersec Théodore, Jérôme, Marie) | 1등 외과의사(Chirurgien, docteur de 1re classe) |
| 에헝(Hérand Paul, Marius, Sauveur) | 2등 외과의사(Chirurgien, docteur de 2e classe) |
| 데뀌지(Décugis Joseph, Augustin) | 3등 외과의사(Chirurgien, docteur de 3e classe) |
| 파비에(Favier César, Auguste, Jean-Baptiste, Marie) | 행정직(Commis d'administration, dessinateur et peintre de mérite) |
| 귀요(Guyot de Laval Jean-Baptuste, François, Gustave) | 사제(Aumônier) |

출처: Jacques Ronze, 2009.

인도차이나로 출항 명령을 받은 카프리시으즈호는 1850년 5월 28일 툴롱항을 떠나 6월 9일에는 Tenerife(스페인령), 7월 28일에는 Montevideo(우루과이), 8월 26일에는 칠레의 Cap Horn을 거쳐 9월 28일 에는 Concepcion(칠레)에 도착하여 그곳에 정박 중이던 세리으즈호(La

Sérieuse)에 150명의 국민위병을 샌프란시스코로 수송할 수 있도록 인계하였다. 그 후 카프리시으즈호는 칠레의 발파라조(Valparaiso)에 잠시 머문 후, 강비에(Gambier), 마르키즈(Marquises), 파페어테(Papeete. 프랑스령 폴리네시아), 캐롤라인(Carolines) 등 여러 섬들을 탐사하면서 남태평양을 횡단하였다.

호끄모헬이 이끄는 카프리시으즈호는 1851년 2월 10일 괌, 3월 5일 마카오를 거쳐 5월에는 마닐라에 정박한다. 그 후 6월부터는 중국의 동부 연안을 따라 북상하여 Amoy, Chusan(Zhoushan), Shanghai 등의 도시를 차례로 들른 후, 8월 29일에는 마카오에서 카시니(Cassini)호와 합류한다. 카니시호와 함께 12월 말에는 인도차이나(Cochinchine)를, 1852년 1월에는 싱가포르, 말레이시아의 섬들, 수마트라섬, 자바섬, 필리핀의 민다나오 등지를 탐사하고, 5월에 다시 마카오로 돌아온다. 한편 함장 프랑수아 드 쁠라(François de Plas)가 이끄는 카니시호는 1851년 3월 6일 로리앙(Lorient. 프랑스 북서부 Bretagne 지방에 있는 군항)을 출발하여 인도양의 헤위니옹(Réunion)을 거쳐 8월 마카오에 도착한다. 카시니호는 1854년 7월 5일 로리앙으로 귀환할 때까지 가톨릭의 포교를 돕고, 선교사들과 유럽인들의 거류지를 보호하는 임무를 수행하였다.

카프리시으즈호는 1852년 7월 22일에 상해를 출발하여 제주도를 지나 대한해협을 통과한 후 한국의 동해와 타타르 지역에 대한 탐사를 마치고, 홋카이도와 혼슈 사이의 쓰가루 해협을 지나 태평양 쪽으로 항해를 계속하여 사이판, 괌을 거쳐 11월에 마닐라로 돌아온다. 한국의 동해 탐사에 대해서는 뒤에서 자세히 다루고자 한다.

[그림 5-11] 호끄모헬 함장의 여정 (1852년)

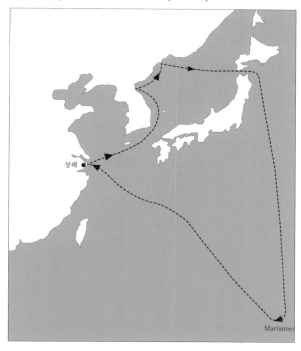

출처: Rocquemaurel, G. de, 1854-1855, 139쪽 지도를 재구성한 것임.

[그림 5-12] 함장 호끄모헬

출처: 위키페디아.

[그림 5-13] 천문학자 무쉐

출처: 위키페디아.

호끄모헬 일행은 1852년 말부터 1853년 8월까지 마카오, 홍콩, 광동지방(황푸)에서 관측 조사를 하면서 임무를 수행하였다. 프랑스로의 귀환 명령을 받은 카프리시으즈호는 1853년 9월 1일 마카오를 출발하여 프랑스로 향한다. 돌아오는 길에는 인도차이나, 싱가포르, 수마트라섬과 자바섬을 가르는 순다해협(Sunda Strait)을 지나, 인도양에 위치한 헤위니옹(Réunion), 남아프리카의 희망봉을 거쳐 약 3년 10개월의 긴 여정을 끝으로 1854년 3월 15일에 툴롱항으로 귀환하였다.

　　1787년에 라페루즈가 한국의 동해를 지나면서 Dagelet(다즐레, 울릉도)섬을 발견한 이래로 영국 제임스 콜넷의 아르고노트 섬 발견(1791년), 브로튼의 동해안 탐사(1797년), 그리고 러시아 크루젠스테른(1805년)의 한반도 동해 탐사 등을 통해 한반도 동해상의 공간이 서양인들에게 알려지기

[그림 5-14] 서구 탐험가들의 극동 탐사 경로(동해 부분도)
자료: 작자 미상, 1805, Carte du Japon pour le Voyage de Krusenstern, BNF 소장.

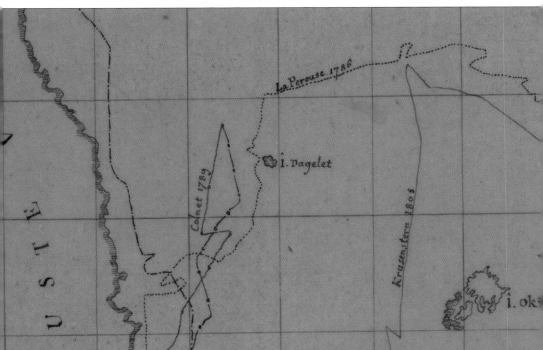

시작하였으나 19세기 중반 무렵 동해는 포경선을 제외한 군함 및 상선들에는 거의 잊히는 공간이었다.

1850년대 이전, 조선과 접촉하려는 서양 선박들은 주로 황해를 이용하였다. 예컨대 병인양요(1866) 이전에 서양인들은 서울의 정확한 위치는 몰랐지만, 서울이 한반도 서쪽에 위치한다는 사실은 알고 있었다. 또한, 당시 서양인들의 가장 큰 관심사였던 중국과 마주 보는 곳이 한반도의 서안이었으므로 외부인들에게는 황해가 동해보다는 훨씬 더 우선시되는 바다였을 것이다.

일본의 경우도 마찬가지로 현재의 동경인 에도가 위치한 일본의 남동연안이 일본의 서해안보다는 서양인들에게 더 큰 관심의 대상이었던 것으로 볼 수 있다. 즉 현재의 동해는 조선과 접촉하려는 서양인 또는 일본과 접촉하려는 서양 선박 모두에게 무관심의 바다였던 것으로 볼 수 있다(정인철, 2014).

1852년 7월 22일 상해를 출발한 호끄모헬 일행도 처음에는 한반도의 서해안을 따라 탐사할 계획이었으나, 기상 여건이 좋지 않아 서해안 탐사를 포기하고 동해안 쪽으로 방향을 바꾼 것으로 보인다. 다음은 카프리시으즈호의 함장 호끄모헬의 기록이다.

> 며칠간 한국의 서해안을 탐사할 계획이었다. 그러나 남서해안
> 은 이미 장마철에 접어들어 바다도 험하고 물살도 심할 뿐 아니
> 라 안개가 자주 끼어 이 지역에 대한 수로 조사는 쉽지 않은 상
> 황이다. 따라서 현재로서는 일본해 쪽을 탐사하는 것이 더 나을
> 것으로 판단된다. 또한, 한국 해안과 타타르해협에서 라페루즈
> 와 브로튼 그리고 크루젠스테른의 탐사가 남긴 몇몇 취약점을

보완하는 것도 가능하리라 생각된다(Rocquemaurel, 1854~1855).

7월 24일, 카프리시으즈호는 북위 33°18´, 동경 124°41´ 지점에서 제주도를 발견하고, 북동 방향으로 항해를 계속하여 7월 25일에는 대한해협을 통과하여 동해상으로 향하였다. 26일에는 호미곶(Cap Clonard)을 지나서, 27일에는 다즐레섬(울릉도)과 아르고노트 섬의 위치를 확인하기 위해 북동쪽으로 항해를 계속하였다. 호끄모헬 일행은 아르고노트 섬이 표시된 지점을 지나갔으나 어떤 섬도 발견하지 못한다.

> 우리는 밝은 달빛이 비추는 밤에 이 섬의 위치를 지났으나 아무 것도 발견하지 못했다. 따라서 나는 이 섬이 존재하지 않는다고 확신한다(Rocquemaurel, op. cit.).

호끄모헬의 보고서에는 다음 날 북동쪽으로 약 20 lieues(1 lieue는 대략 4km 정도의 거리임) 떨어진 곳에서 다즐레섬을 발견했다는 내용이 다음과 같이 기록되어 있다.

> 다음 날 우리는 북동쪽으로 약 20 lieues 떨어진 곳에서 라페루즈의 권위에도 불구하고 최근에 제작된 지도에 상상의 섬 Tako-sima로 대체된 다즐레섬을 발견하였다(Rocquemaurel, op. cit.).

위에 제시한 호끄모헬 보고서의 내용을 보면 의아하게 생각되는 부분이 있다. 지도상에서 아르고노트 섬은 다즐레섬의 북서쪽에 위치하므로 카프리시으즈호가 동해의 남쪽으로부터 계속 북상했다면, 먼저 다즐레섬을 발견했어야 하는데, 아르고노트(여기서는 Tako-sima)가 표시된 위치에서 이 섬을 발견하지 못하고, 다음 날 다즐레섬을 발견했다고 진술하고 있다. 호끄모헬 일행은 여러 장의 지도를 참고하여 동해를 항해하고 있었는데, 그들이 여기서 확인한 Tako-sima의 위치는 C.A. Vincendon-Dumoulin이 1845년에 제작한 Carte générale de l'océan Pacifique(해도번호 1092번)에 표현된 Tako-sima(지도상의 명칭은 Takasima)였을 것이다.

아래의 지도를 보면, Takasima와 Matsusima는 실제 위치보다 남쪽에 그려져 있음을 알 수 있다. Takasima의 위도는 평해보다 약간 높고, Matsusima의 위도 역시 cap Clonard(호미곶)보다 약간 높게 표현되어 있다. 『수로지(Annales Hydrographiques)』(1854~1855)에 실린 호끄모헬 보고서는 Tako-sima에 대해 다음과 같이 진술하고 있다.

> 호끄모헬은 지도 제작자의 실수로 인해 해도번호 1092번과 1264번 지도에서 다즐레섬이 지워졌다고 추측하였다. 이 두 지도에 표현된 Matsu-sima는 실제로 다즐레섬이고, Tako-sima는 아르고노트에 해당하는 섬이다. 두 섬은 실은 하나의 섬으로 추정되며, 이 지도에서 1° 정도 남쪽에 그려졌고, 일본지도에 표기된 이름으로 대체되었다. 1853년에 수정된 이 두 섬의 진짜 위도에 따르면, 카프리시으즈호가 본 Matsu-sima 또는 다즐레섬은 라페루즈가 측량한 위치에 가깝다. Tako-sima 또는 아르고노트는 다즐레섬과 동일한 섬을 지나치게 서쪽에 표현한 것으로 보인다(Rocquemaurel. op. cit.).

[그림 5-15] 1092번 해도의 동해 부분도

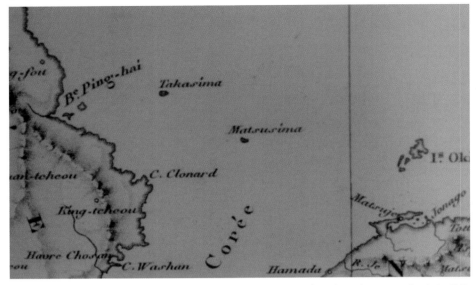

자료: Vincendon-Dumoulin, C. A., 1845.

호끄모헬 보고서 마지막 부분에는 1852년 11월 10일이라는 날짜가 적혀 있는데, 1853년에 수정된 두 섬의 위도에 대한 언급이 각주로 제시된 것으로 보아 이 각주는 호끄모헬이 1852년에 마닐라에서 보고서를 쓸 당시에 기록한 것이 아니라, 『수로지(Annales Hydrographiques)』(1854~1855)가 발간될 당시에 호끄모헬 또는 제3자에 의해 부연 설명으로 덧붙여진 것으로 추정된다. 그런데 여기서 눈여겨볼 점은 이 각주의 설명이다. 이 각주의 설명에 의하면, 두 섬이 실제 위치보다 더 남쪽에 그려졌다고 하는데, 이것은 1092번 해도에 표시된 두 섬에 관한 설명이다. 해도 1264번의 Takasima와 Matsusima는 제 위치에 그려져 있기 때문에 각주의 설명과는 일치하지 않는다.

[그림 5-16] 1264번 해도의 동해 부분도

자료: Vincendon-Dumoulin, C. A., 1851.

한편, 호끄모헬이 1264번 해도를 항해에 참고로 했다는 사실에 의아해하지 않을 수 없다. 1849년 1월 27일, 프랑스 포경선 리앙쿠르호가 항해 도중 독도를 발견한 사실이 1850년『해군 수로지』에 반영되었다. 그리고 해군수로부는 이 사실을 근거로 1851년에 발행한 해도 1264번에 리앙쿠르 암(Rocher du Liancourt)을 표기하였다. 이 해도는 독도가 표시된 최초의 유럽 지도인데, 호끄모헬이 새로 추가된 리앙쿠르섬의 존재를 알면서도 동해 탐사에 관한 보고서에는 이 섬에 대해 한 번도 언급하지 않았으며, 1852년에 카프리시으즈호가 동해를 탐사하고 제작한 지도에도 독도가 표현되지 않는다는 점은 이상하지 않을 수 없다. 이에 관해 이진명은 호끄모헬이 동해 탐사 시 독도의 존재를 모르고 있었다고 주장하는데(Li. 2010. 293), 호끄모헬이 해도 1264번을 항해에 참고로 사용했다면 독도의 존재를 몰랐다는 것은 무리가 있는 것으로 사료된다.

호끄모헬이 독도의 존재를 알고 있었는지 여부를 판단할 수 있는 자료는 호끄모헬이 쓴 보고서의 각주밖에 없다. 그들의 항해에 해도 1092번과 1264번을 참고로 했다는 사실이 그 증거이다. 1850년 5월 28일, 호끄모헬이 툴롱항을 출발할 당시 호끄모헬이 고급 장교라서『수로지』가 공식적으로 발행되기 전이라도 미리 독도 관련 정보를 입수했을 수도 있겠지만, 그러한 정황을 뒷받침해 주는 자료는 없다. 리앙쿠르호의 독도 발견 사실이 처음『해군 수로지』에 실린 것은 1850년 2분기(1850. 2 semestre)였는데, 정확히 몇 월에 출간되었는지는 알 수 없지만, 2분기라고 책표지에 씌어있는 것으로 본다면 적어도 7월 이후가 될 것으로 추정된다. 따라서 호끄모헬이 프랑스를 떠나던 시점인 5월 28일에는 아직 출판되지 않았을 것으로 사료된다. 또한, 지도에 독도가 등장한 것은 1851년 지도였으므로 호끄모헬의 출발 당시에는 당연히 이 지도를 보지 못했을 것이다. 하지만 호끄모헬이 출발 당시에는 몰랐다 하더라도 카시니호와 같이 중국해에 임무를 명받고 1851년 이후에 프랑스를 떠난 다른 함대를 통해서도 충분히 최신 정보를 얻었을 가능성이 있다. 1852년 7월 동해안 탐사 시 해도 1264번을 항해에 참고로 했다는 기록이 그 증거라 할 수 있다. 따라서 호끄모헬이 어느 시점에 독도의 존재를 알게 되었는가보다는 독도에 대해 알고는 있었으나, 일개 '포경선'이 발견한 사실을 신뢰하지 않았던 것이 해도 1467년에 독도가 등장하지 않은 주된 이유인 것으로 판단된다.

그렇다면 왜 호끄모헬과 동승했던 천문학자 무쉐가 제작한 해도에는 리앙쿠르 암이 표현되지 않았을까? 이러한 의문에 대한 근거를 명확하게 제시하기는 쉽지 않지만, 한 가지 흥미로운 사실을 언급하고자 한다. 1851년 3월 로리앙(Lorient)항을 출발해 8월 말 마카오에 도착하여 같은 해 12월 말부터 카프리시으즈호와 함께 인도차이나를 탐사한 카시니

(Cassini)호(1851~1854)의 함장 프랑수아 드 쁠라(François de Plas)가 1851년 12월 11일자로 호끄모헬에게 보낸 편지를 보면, 포경선 리앙쿠르호의 선장 로페즈 드 수자(Lopez de Souza)가 선원들이 명령을 듣지 않고 조업을 거부한다며 카시니호의 함장에게 도움을 요청한 사실을 알리는 내용이 있다(Mercier. 1889). 물론 이 편지의 내용이 독도와는 직접적인 관련은 없지만, 호끄모헬이 이 편지를 받고 포경선 리앙쿠르호의 선원들에 대해 좋지 않은 인상을 갖는 계기가 되지는 않았을까 하는 추측을 해볼 수도 있다.

카프리시으즈호에서 지도 제작을 담당하고 있던 무쉐 대위는 다즐레섬의 위도와 경도를 각각 37°30′과 1287°33′으로 측정했는데, 이는 라페루즈 일행이 측정한 다즐레섬의 위치 37°22′18″와 1287°56′18″에 가깝다. 이에 대해 아벨 베흐갸쓰는 다음과 같은 기록을 남긴다.

> 7월 28일 새벽 5시, 우리는 우리가 갖고 있는 지도에서 지워진 다즐레섬을 발견하였다. 영국의 브로튼은 다즐레섬이 더 멀게 위치해 있는 것으로 표현한 바 있는데, 프랑스의 탐험가 (라페루즈)가 측정한 바로 그 위치에서 이 섬을 발견한 우리의 기쁨이 어땠을지 상상이 될 것이다. 따라서 우리는 라페루즈가 측정한 두 지점이 정확한 위치에 있음을 확인하고, 함장은 신뢰할 수 없는 영국인들이 조사한 한국의 해안을 탐사하기로 결정을 내렸다(Bergasse Du Petit - Thouars. 1906).

이상의 내용을 정리하면, 27일 저녁에 카프리시으즈호는 해도 1092번에 표시된 아르고노트 섬(Takasima)의 위치를 지나갔지만, 아무것도 발견하지 못하고 계속 북상하여 다음 날 새벽 5시에 라페루즈의 탐사를 통해 보고된 지점에서 다즐레섬을 발견하였다는 것이다. 그리고 영국 탐험가 브로튼의 탐사 결과에 의문을 갖고 있던 호끄모헬은 한반도 동해안에 좀 더 접근하여 직접 해안을 탐사하기로 결심한다. 7월 28일 저녁 무렵 카프리시으즈호는 영국 지도에 표시된 아르고노트 섬의 위치를 지나갔는데, 이번에도 역시 아무것도 발견하지 못한다.

> 우리는 수평선이 선명하게 보이는 맑은 날 저녁 무렵, 다시 영국지도에 표시된 아르고노트 섬의 위치를 지나갔으나 Tako-sima와 마찬가지로 그 섬은 존재하지 않았다. 물론 다즐레섬에서 북서 또는 남서 방향으로 45~50 milles(약 72~80km)에 위치한 두 허구의 섬들은 실은 동일한 섬이고, 잘 알려지지도 않은 몇몇 포경선들의 말만 듣고 우리가 갖고 있는 지도에서 너무 쉽게 의심도 하지 않고 지워 버린 섬이다(Rocquemaurel, op. cit.).

프랑스와 영국에서 제작된 지도들을 참고하여 서로 다른 위치에 그려진 아르고노트 섬을 확인하기 위해 호끄모헬 일행은 각각의 섬의 위치를 지나갔지만, 결국 발견하지 못하고 실제로 '존재하지 않는 섬'이라는 결론에 도달한다. 그리고 위의 인용 부분에서도 알 수 있듯이 호끄모헬은 '신뢰할 수 없는' 포경선들의 증언을 너무 쉽게 받아들이는 것에 대한 비판적인 태도를 보인다. 만약 그가 리앙쿠르호의 독도 발견 사실을 신뢰했다면 어떤 결과가 나타났을까? 포경선에 대한 불신이 보고서 작성 시 독도를 언급하지 않고 지도에도 포함시키지 않은 이유였던 것인가? 그 후 카프리시으즈호는 7월 30일에 영흥만을 지나 계속 북상하여 8월 초에는 Golfe d'Anville(현재의 포시예트만)에 이르는 동해 북부 해안을 조사하였다.

[그림 5-17] 탐사 이후에 제작된 1467번 해도(동해 부분도)

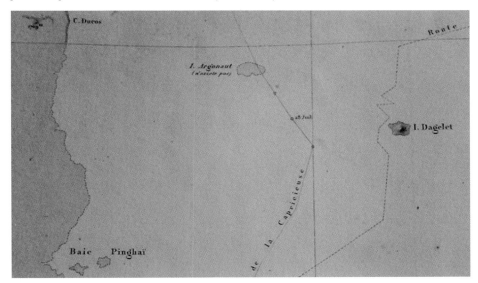

자료: Mouchez, 1854.

　천문학자이자 지도 제작자인 무쉐 대위는 자신이 실제로 관측한 사실을 1852년의 지도 제작 과정에 반영하였는데, 이는 프랑스 해군수로부에 의해 해도번호 1467번으로 1854년에 발행되었다. 이 지도에 따르면, 라페루즈의 항해 경로는 점선으로 표현되었고, 카프리시으즈호가 지나간 경로는 실선으로 표시되어 있는데, 호끄모헬 일행이 탄 카프리시으즈호는 1092번 해도에 표시된 Takasima와 Matsusima의 위치를 지나고 있음을 알 수 있다.

　1467번 해도는 아르고노트 섬이 점선으로 표현되고, 괄호 안에는 '존재하지 않는다'라고 쓰여진 최초의 지도라는 측면에서 큰 의미를 갖는다. 대부분의 선행 연구는 아르고노트 섬이 점선으로 표현된 것과 이 섬의 존재 여부에만 초점이 맞춰졌는데, 아르고노트 섬의 존재에 대한 문제 제기 이후 처음으로 제작된 이 지도에는 한반도 동해안의 일부 해안선과 일본의 오키도 또한 점선으로 표현되어 있는 것을 확인할 수 있다. 여기서 점선으로 표현된 것은 미측량 지역을 의미하는 것으로 볼 수 있다. 이렇게 신중하고 치밀하게 제작된 지도에 독도는 등장하지 않는데, 그 이유는 앞에서도 언급한 바와 같이 당시 호끄모헬이 포경선들의 정보를 신뢰하지 않았던 것으로부터 기인하는 것으로 볼 수 있다.

[그림 5-18] 「일본 열도 지도」의 한국 동해 부분도

자료: W. L. Maury and Silas Bent, 1855.

호끄모헬이 극동에서 임무를 수행하는 동안 일본의 문호 개방을 요구하기 위해 1853년 4월에 미국의 페리 제독이 미시시피호를 이끌고 홍

콩에 도착하여 호끄모헬과 페리 제독이 만났다는 것은 대단히 흥미로운 사실이다. 페리 제독은 호끄모헬뿐 아니라 러시아의 팔라다호의 함장 푸치아친도 만나 탐사 정보를 교환한 것으로 보이는데, 이는 페리 일행이 1855년에 미국으로 돌아가서 발행한 두 장의 지도를 보면 알 수 있다. 페리 제독이 호끄모헬 일행을 만났다는 결정적인 증거는 1855년에 발행된 두 장의 지도를 통해 확인할 수 있다. 먼저 일본 열도를 중심으로 제작된 첫 번째 지도를 보면, 아르고노트 섬은 지워진 상태이고, 한국 동해안의 일부 해안선은 프랑스 탐험가들의 인식과 마찬가지로 점선으로 표현되어 있다. 프랑스의 호끄모헬 일행은 그들이 직접 측량하지 않은 지역을 점선으로 표현하였는데, 미국 측에서는 입수한 정보를 그대로 지도 제작에 반영한 것을 알 수 있다. 울릉도는 프랑스식 명칭과 일본식 명칭이 병기되었으며, 프랑스지도와 마찬가지로 독도는 표현되지 않았다.

[그림 5-19] 일본 탐험도의 동해 부분도

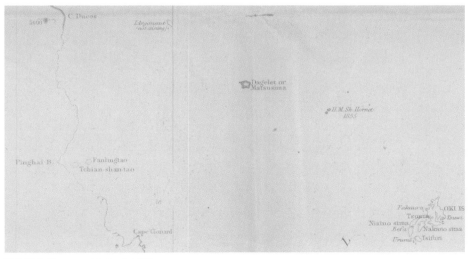

자료: W. L. Maury and S. Bent, 1855.

같은 해에 제작된 다른 지도를 보면, 영국과 프랑스 탐험가들의 탐사 결과가 반영된 것을 알 수 있다. 즉 아르고노트 섬은 표현되어 있지만, 호끄모헬의 지도에서처럼 괄호 안에 '존재하지 않는다'라고 표시하고 있으며, 다즐레섬의 남동쪽에 독도가 Hornet으로 표현된 것을 확인할 수 있다. 이는 1855년에 영국의 함대 호넷호가 독도를 발견한 사실이 보고된 것을 참조하여 제작된 것으로 보이며, 당시 영국과 미국 간의 지리 정보 교류가 신속하게 이루어지고 있던 것으로 짐작해 볼 수 있다. 한반도 동해안 해안선의 일부는 프랑스 탐험가의 영향으로 점선으로 표현되었다.

　한편, 독도의 발견과 관련하여 프랑스-영국 간의 맵 트레이드 사실을 확인하는 것은 대단히 흥미로운 일이다. 1856년에 발행된 프랑스 해군성의 『수로지』에 따르면, 일본해 항목에서 독도에 대한 내용이 심도 있게 다뤄지는 것을 확인할 수 있다. 다음은 『수로지』에 기술된 독도 관련 내용이다(Le Dépot des Cartes et Plans de la Marine, 1856).

　　8월 25일, 영국 해군은 지도에 없는 두 개의 작은 섬 근처를 지나게 되었다. 각각의 선상에서 섬들의 위치를 측정했는데, 그중에서 호넷호가 가장 가까운 거리에서 측정하였다. 이 섬들은 일본해에 배가 지나는 항로상에 있기 때문에 그 위치를 알리는 것이 유용할 것으로 판단하였다. (중략)
　　처음에는 다즐레섬의 위치가 지도에 잘못 표시되었을 거라고 생각하고, 다즐레섬으로 추정하였다. 그러나 라페루즈에 의하면, 다즐레섬은 둘레가 14.48 km (9 milles: 1mille=1.61 km)로, 숲이 있고 주민들이 거주한다고 하였다. 하지만 서로 맞닿은 듯한 이 두 섬들은 훨씬 작고, 사람이 살지 않을 뿐 아니라 숲도 없고, 험한 두 바위섬은 상당히 높게 치솟아 있다.

대략 이 위치에 있는 섬이 1849년 1월 2일(1월 27일이 『수로지』에 1월 2일로 쓰여 있음) 르아브르의 포경선 리앙쿠르호의 Lasset 선장에 의해 발견되었다. Lasset 선장은 그의 보고서에서 다즐레섬을 북서쪽으로 두고 동쪽 방향에서 바위섬을 보았으며 이 섬은 북위 37°2´, 동경 129°26´ 지점에 있다고 했다.

해도 1264번에 표시된 이 섬은 영국 함대가 측정한 위치와 경도 8분, 위도 13분 정도밖에 차이가 없다. 영국 함장의 보고서는 Lasset 선장의 발견을 확인시켜 주는 것일까, 그렇지 않으면 1854년에 영국 함대가 본 섬은 잘 알려지지 않은 이곳 바다에 있는 새로운 섬의 발견인가?

19세기 중엽 무렵에 유럽에서 제작된 대부분의 지도에는 아르고노트 섬과 다즐레섬이 표현되었으며, 1850년에 리앙쿠르섬이 추가되어 일부 지도에서는 3개의 섬이 보이기도 한다. 그러나 프랑스 호끄모헬 일행의 동해 탐사로 아르고노트는 실제로 존재하지 않는 섬이라는 사실이 유럽 세계에 알려지게 되었다. 이후에도 러시아 탐험가 푸치아친의 탐사 등을 통해 아르고노트 섬이 존재하지 않는다는 사실이 명확해졌다.

한편, 탐사를 통해 밝혀진 아르고노트 섬의 존재 여부가 유럽 각국의 해군성에 전해져서 기존의 지리 정보 오류는 신속하게 수정되었던 반면, 민간 지도에 표현됐던 아르고노트 섬은 오랫동안 수정되지 않은 채 남아 있다가 점차 불확실한 것으로 인식되어 19세기 후반 무렵에 지도에서 완전히 자취를 감추게 되었다. 그리고 동해상에는 다즐레섬(울릉도)과 리앙쿠르섬(독도)만이 남게 되었다.

# 6장

# 울릉도·독도 존재의 공식화

## 1. 독도를 목격한 서구인들

지금까지는 18세기 초에 중국을 통해 서구 세계에 알려진 한국에 관한 지리 정보가 다듬어지고 보완되는 과정을 살펴보았는데, 6장에서는 19세기 중엽에 독도를 목격했던 서구인들의 증언과 기록을 검토해 보고, 한국의 관한 지리 정보가 어떤 경로를 통해 이 나라에서 저 나라로 유통되고 전파되었는지 맵 트레이드의 관점에서 살펴보고자 한다. 두 번째 절에서는 크림전쟁 시기에 러시아의 남하를 저지하기 위해 한국의 동해상으로 집결했던 영불 연합 함대가 독도를 다시 한번 발견하게 되는 경위를 살펴본 후, 울릉도와 독도가 서구 세계에 공식적으로 알려지게 된 상황을 추적해 보고자 한다.

일반적으로 독도를 발견한 것은 프랑스의 포경선 리앙쿠르(Liancourt)호로 알려져 있는데, 1850년 전후의 시기 동안에 실제로 독도를 목격한 서구의 선박들은 적지 않다. 리앙쿠르호와 같은 배들은 민간 선박이었고, 영국의 호넷호나 프랑스의 콩스탕틴호와 같은 배들은 군함이었다. 많은 배들이 독도를 발견했다고는 하더라도 실질적으로 지도 제작에 직접적으로 영향을 미친 것은 민간의 배들이 아닌 해군 소속의 선박들이었다. 영국과 프랑스의 선박들은 기본적으로 서로 간에 경쟁적인 관계에 있었는데, 경우에 따라서는 협력하기도 하였다.

유럽에서의 포경 산업은 오랜 기간 바스크족(Basques)이 지배해 왔는데, 19세기에는 미국 동해안에 위치한 난터켓(Nantucket)과 뉴베드포드(New Bedford)의 미국인들이 주도하였으며, 프랑스·러시아·프러시아·영국이 미국의 뒤를 따르는 국가들이었다. 당시 미국은 가장 우수한 선원과 선박들을 보유하고 있었다. 고래는 조명에 필요한 연료, 화장품, 우산 재료 등 다양한 목적으로 이용되고 있었다(정인철·Roux, Pierre – Emmanuel, 2014). 먼저 독도를 목격했던 선박들과 관련 정보들을 간단히 살펴보고자 한다.

제이콥 클리브랜드(Jacob L. Cleaveland) 선장이 이끌던 미국의 포경선 체로키(Cherokee)호는 1848년 4월 16일에 독도를 발견하고, 이를 항해일지에 다음과 같이 기록하였다. "해도상에 없는 두 개의 작은 섬(two small islands)을 보았다." 현재까지의 기록에 의하면, 클리브랜드 선장이 독도를 발견한 최초의 서양인으로 추정되는데, 한국에서는 아직까지 이 선박에 대해서는 거의 관심을 두지 않았다.

1849년 1월 27일에는 프랑스의 포경선 리앙쿠르(Liancourt)호가 독도를 발견하고, 1850년 4월에 항해 보고서를 해군 당국에 제출하였는데, 이때부터 독도는 이 섬을 발견한 배의 이름을 딴 리앙쿠르 암(rochers

Liancourt)으로 명명되었고, 세계지도에 표기되기 시작하였다. 리앙쿠르호가 1847년부터 1850년 사이에 출어했던 기록은 프랑스 해군성 보고서를 통해 확인할 수 있다. 보고서에서 당시 리앙쿠르호가 동해를 지나면서 경험했던 일들에 관하여 다음과 같이 기록하고 있다.

1849년 4월 12일, 나는 울릉도를 보았다. 그리고 나는 이 섬에서 채목을 하기 위해 두 개의 작은 보트를 보냈다. 나는 그 섬이 보이는 인근 해역을 순항하면서 7월 30일까지 이렇게 인근 해상에 머물렀다. 이 순항은 북위 36°20′과 42°35′사이, 동경 127°로부터 133°35′까지의 거리에 해당한다. 나는 그동안에 28마리의 고래를 잡았고, 그중에서 8마리는 배에 인양했다.

[그림 6-1] 리앙쿠르호를 그린 스케치

출처: Pasquier, 1982.

이어서 윌리엄 톰슨(William Thompson)호는 1849년 3월 18일에 독도를 발견한 미국의 포경선이다. 이 배의 항해일지에는 울릉도와 독도에 관한 내용이 다음과 같이 기록되어 있다. "울릉도 동남쪽 40마일쯤 떨어진 해상에서 어떤 해도에도 없는 세 개의 암초(3 rocks)를 보았다." 이 배의 항해일지 내용은 비슷한 시기의 다른 포경선들의 항해일지 내용과 마찬가지로 기존의 해도에 없는 세 개의 암초(3 rocks)를 발견했다는 것과 새로 발견된 암초가 울릉도 동남쪽 해상에 위치해 있다는 것을 강조하는 것으로, 이들 세 암초는 독도를 가리키는 것이 분명하다. 윌리엄 톰슨호는 1821년에 뉴욕에서 건조되었는데, 1865년에 북극해에서 실종되었다.

[표 6-1] 독도 발견 당시 리앙쿠르호의 승조원 현황

| 선원명 | 직책 및 임무 |
|---|---|
| De Souza Galorte, dit Lopez | 선장 (Capitaine) |
| Homont, Jean Victorien | 부선장 (2nd capitaine) |
| Fleury, Jean Louis | 일등항해사 (1e lieutenant) |
| Tassel, Louis | 이등항해사 (2e lieutenant) |
| De Pons de Loliverie, Paul Joseph | 의사 (Chirurgien) |
| Carlouer, Guillaume | 작살 담당 (Harponneur) |
| Le Floch, Jean Marie | 작살 담당 (Harponneur) |
| Rio, César Marie | 작살 담당 (Harponneur) |
| Le Rolle, Pierre Mathurin | 작살 및 목공 (Harponneur et charpentier) |
| Normand, Pierre Ambroise | 선임 통 제조사 (Maître tonnelier) |
| Lecoq, Adolphe Edouard | 이등 통 제조사 (2nd tonnelier) |
| Perrot, Jean François | 헤드 웨이터(Maître d'hôtel) |
| Rousseau, Jean | 선원 (Matelot) |

| Patey, Pierre Eugène | 선원 (Matelot) |
|---|---|
| Giraud, Pierre | 선원 (Matelot) |
| Le Gardinier, Guillaume Nicolas | 선원 (Matelot) |
| Catelain, Martial Eugène Auguste | 요리사 (Cuisinier) |
| Menard, Jean Bénédicte Noël | 돛 담당 (Voilier) |
| Barbou, Aimé Auguste | 선원 (Matelot) |
| Pellec, Yves | 견습선원 (Novice) |
| Allain, Yves | 견습선원 (Novice) |
| Gouriou, Guillaume | 견습선원 (Novice) |
| Rouy, Aimé Adolphe Désiré | 견습선원 (Novice) |
| Debord, Henri Charles François | 초보 목수 (Novice charpentier) |
| Vial, Joseph Gabriel | 견습선원 (Novice) |
| Lacorne, Charles | 견습선원 (mousse) |

자료: Archives Nationales CC5.

캠브리아(Cambria)호는 독도를 스케치한 최초의 선박으로 기록된다. 이 배의 항해일지에 따르면, 미국의 포경선 캠브리아호는 1849년 4월 28일(토)에 울릉도(Dagelet Island)를 목격하고, 29일(일)에는 독도를 발견하였다. 항해일지에는 "해도에 없는 작은 섬(the small islands)을 보았다. 경위도는 북위 37°10′ 동경 132°였다."라고 기록되었다. 또한, 이 배의 항해일지에는 울릉도와 독도의 이미지가 스케치되어 있는데, 이는 프랑스 해군 함정 콩스탕틴(Constantine)호에서 1856년에 그린 독도 그림이나 러시아 함정 팔라다(Pallada)호가 1857년에 그린 것보다 앞선 최초의 독도 스케치라 할 수 있다. 더욱이 캠브리아호의 항해일지에 독도가 울릉도와 함께 스케치된 것은 독도가 울릉도의 영향권에 포함된 섬으로 인식되었던 것으로 볼 수 있다. 즉 독도만 단독으로 표현된 것과는 그 의

미가 다르다 할 수 있다. 다시 말하면, 캠브리아호의 항해일지에 독도가 울릉도와 함께 다루어진 것은 서구인들의 시선에 독도가 울릉도와 같은 영역권에 있는 섬으로 인식한 것이라 할 수 있으며, 이는 한국의 독도 영유권의 논거에도 적지 않은 영향을 미칠 것이라 사료된다.

[그림 6-2] 최초의 독도 스케치 자료(Cambria호의 항해일지)

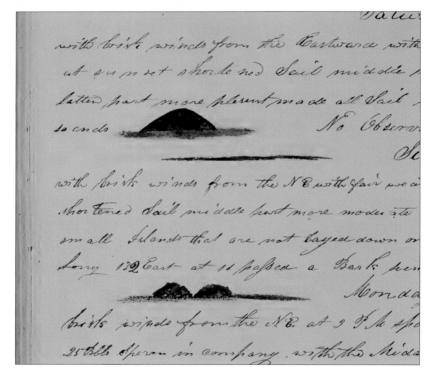

출처: Logbook for Cambria: 1847~1851.
그림 설명: 위의 이미지가 울릉도이고, 아래에 한 쌍으로 표현된 이미지가 독도이다.

[표 6-2] 캠브리아호의 승조원 현황(1847~1851년)

| 연번 | 선원 이름 | 역할 및 직책 |
|---|---|---|
| 1 | Edward Harding | Master |
| 2 | Amos Francis Wilbour | Greenhand |
| 3 | Teri Widors | Greenhand |
| 4 | William Jr. West | 1st Mate |
| 5 | Samuel Wells | Greenhand |
| 6 | Charles M Ward | Greenhand |
| 7 | John Tyler | Boatsteerer |
| 8 | Francis Toag | Seaman |
| 9 | Joseph Sylva | Seaman |
| 10 | Lorenzo D Sprague | 3rd Mate |
| 11 | Levi A Sleeper | Greenhand |
| 12 | Charles Sisson | Boatsteerer |
| 13 | George F Robinson | 2nd Mate |
| 14 | Asa Quint | Greenhand |
| 15 | Paul Maxwell | Greenhand |
| 16 | Amos F Lovejoy | Greenhand |
| 17 | Thomas Larvgne | 3rd Mate |
| 18 | Antoine Joseph | Cook |
| 19 | Thomas Johnson | Boatsteerer |
| 20 | Otis Haskell | Greenhand |
| 21 | John W Green | Greenhand |
| 22 | Asa Glover | Greenhand |
| 23 | Michael Galvin | Boatsteerer |
| 24 | Joseph Francis | Seaman |
| 25 | Hiram Deeker | Greenhand |
| 26 | William H Cobleigh | Blacksmith |
| 27 | David Chambers | Steward |
| 28 | Gilbert Caswell | Cooper |
| 29 | Charles Bennet | Greenhand |
| 30 | William C Allen | Boatsteerer |
| 31 | Levi Widdows | - |
| 32 | William Henry Wilbour | Greenhand |

출처: New Bedford Whaling Museum.

핸리 니랜드(Henry Kneeland)호는 1853년에 독도를 목격했던 미국의 포경선이다. 이 배는 1824년에 건조되어 1864년에 북극해에서 실종되기까지 40여 년간 총 11,869마리의 고래를 잡았으며, 독도를 목격했던 시기인 1851년부터 1854년까지는 북태평양 일대에서 3,164마리의 고래를 잡았다. 핸리 니랜드호가 독도를 목격한 기록은 다음과 같다. "1853년 4월 18일, 울릉도와 물개바위(Seal rock)를 보았으며, 물개 바위에 상륙하여 물개 7마리를 잡았다." 여기서 언급되는 물개 바위는 독도를 가리키는 말이며, 물개는 강치를 의미하는 것으로 볼 수 있다. 핸리 니랜드호의 항해일지에는 독도를 가리키는 물개 바위가 울릉도와 함께 언급되고 있는데, 이는 당시 항해사들이 항로상 등질적인 공간적 범위에서 이들 두 섬을 인식했던 것으로부터 비롯된다.

[그림 6-3] 액자에 담긴 핸리 니랜드(Henry Kneeland)호의 모습

자료: Bonhams.

플로리다(Florida)호는 1857년 3월부터 4월까지 독도를 목격했던 미국의 포경선이다. 이 배의 항해일지에는 3월 27일에 울릉암(Dagelet Rock)을 보았다고 기록되어 있으며, 4월 3일에는 울릉도(Dagelet)가 뒤쪽에, 울릉암(Dagelet Rock)은 앞쪽에 있다고 진술하고 있다. 4월 7일자 기록을 보면, 이 배가 울릉도(Dagelet)와 울릉암(Dagelet Rock)의 중간 지점에 위치해 있으며, 이들 두 섬이 모두 보인다는 기록이 있다. 울릉도와 독도 사이에서 이들 두 섬을 목격했던 플로리다호가 독도를 울릉암(Dagelet Rock)으로 표기한 것은 독도가 울릉도의 해상 영역에 속한 섬으로 인식했던 것에서 비롯된 것이라 할 수 있다. 또한, 플로리다호는 1860년 4월 11일자 항해일지를 통해 "울릉도를 보았으며, 당나귀 귀(Asses Ears)라 불리는 바위를 지났다."라고 기록하고 있는데, 여기서 '당나귀 귀라 불리는 바위(the rocks called Asses Ears)'는 독도를 가리키는 것으로 볼 수 있다. 요컨대 플로리다호는 이들 두 섬을 동일한 공간적 카테고리에서 다루면서 독도를 울릉도의 부속 도서로 인식하였다.

[그림 6-4] 러시아 해군제독 푸치아친

Рис на кам. Пашенный Печ. въ Лит Ред. Росс. Воен Хроники (В. Дарленгъ.)

자료: 작자·연대 미상, Admiral Yevfimiy Putyatin.

[그림 6-5] 러시아 전함 팔라다호

자료: Alexey Bogolyubov, 1847, The Russian frigate Pallada, Central Naval Museum, St. Petersburg, Russia.

　한편 프랑스의 포경선 리앙쿠르호가 독도를 발견하고 나서 6년 후인 1855년에 프랑스의 군함 콩스탕틴(Le Constantine)호가 독도를 목격하였고, 1855년 4월 25일에는 포사이스(Forsyth) 함장이 이끄는 영국의 군함 호넷호가 독도의 위치를 측정하고 이 섬을 호넷섬으로 명명하였다. 그리고 러시아의 해군성 수로국에서는 「조선동해안도」를 제작하였는데, 이 지도가 제작되기 전인 1854년 4월, 러시아에서는 해군 제독이었던 푸치아친(Yevfimy Vasilyevich Putyatin, 1803~1883)이 팔라다(Pallada)호를 이끌고 한반도 동해안과 일본 열도 서해안을 측량하는 과정에서 독도를 발견하고, 이 섬의 이름을 각각 올리부차(Olivoutza)와 메넬라이(Menelai)로 명명하였다. 요컨대 영국, 프랑스, 러시아 해군 소속 군함들은 1854년과 1855년에 집중적으로 한국의 동해상에 출현했던 것으로 볼 수 있다. 프랑스의 콩스탕틴호와 영국의 호넷호의 독도 발견에 관한 내용은 6장의 두 번째 절에서 자세히 다루고자 한다.

[그림 6-6] 「조선동해안도」에 표현된 독도 이미지

자료: 러시아 해군성 수로국, 1857; 일본 해군성, 1862.

## 2. 영불 연합 함대의 독도 재발견[3]

두 번째 절에서는 19세기 중반의 크림전쟁 시기에 영불 연합 함대의 동해 진출 배경, 영국 호넷(Hornet)호의 독도 '발견', 그리고 프랑스 콩스탕틴(Constantine)호의 독도 '재발견'의 과정을 세계사적 관점에서 재조명해보고자 한다. 또한, 당시 영불 연합 함대가 인식했던 독도의 지정학적 중요성과 독도가 서구의 근대 지도 제작 과정에 반영되는 과정을 밝혀보고자 한다. 울릉도와 독도가 포함된 동해상의 섬들에 관한 발견의 역사와 지도 제작의 변천사를 살펴보는 것은 우리의 고유 영토인 울릉도와 독도에 대한 서구 세계의 인식 과정을 파악하는 것뿐만 아니라 지도학사의 측면에서도 의미가 있을 것으로 생각된다.

얼핏 생각하면, '19세기 중엽 크림반도에서 발발한 크림전쟁(1853~1856)이 독도와 어떤 관계가 있을까?' 하고 의아해할 수도 있다. 하지만 흥미롭게도 크림전쟁을 계기로 서구인들은 독도를 재발견하게 되고, 그때부터 독도의 존재를 확실하게 인식하게 됨에 따라 서구에서 제작되는 지도에 이 섬은 명확하게 표현되기 시작한다. 그러면 영국의 호넷호와 프랑스의 콩스탕틴호의 '독도 발견과 재발견'에 관한 내용을 다루기에 앞서 우선 크림전쟁 당시 영국과 프랑스 극동 함대의 동해 진출 배경에 대해 간략하게 살펴보고자 한다.

크림전쟁은 예루살렘의 성지 관리권을 둘러싼 가톨릭교와 러시아정교회 사이의 종교 분쟁인 동시에 오스만제국의 세력 약화와 이를 틈 탄 러시아의 팽창으로 유럽의 세력 균형이 깨지는 것을 염려한 영국과 프랑스가 오스만제국과 연합해서 러시아에 맞선 최초의 현대전이다. 러

---

3. 두 번째 절은 한국지도학회지 19(3)에 실린 논문(크림전쟁 시기 영불 연합 함대의 독도 재발견과 독도 존재의 공식화: 호넷호와 콩스탕틴호의 행적을 중심으로)을 재구성한 것임.

시아는 겨울에도 얼지 않는 부동항을 찾아 투르크 영내로의 남하를 기본정책으로 삼고 있었는데, 러시아가 1853년 9월 오늘날 루마니아의 일부인 몰다비아와 왈라키아를 점령하자 투르크는 10월 러시아에 선전포고를 한다. 1853년 11월 30일 나히모프 제독 지휘 하의 러시아 흑해함대가 소아시아의 시노프만에서 투르크 함대를 전멸시키자, 러시아가 발칸반도를 통해 직접 지중해로 진출하여 인도와의 통행로가 막힐 것을 우려한 영국과 1815년 빈회의의 결과로 생긴 유럽 체제를 깨고 프랑스의 정치적 영향력을 회복하기를 원하던 나폴레옹 3세는 오스만제국을 지원하기로 하고, 1854년 3월 28일 러시아와의 전쟁을 선포한다(Rolland-villemot, 2016). 러시아군의 요새가 있는 세바스토폴을 중심으로 한 크림반도 일대가 주된 격전지였으나 전쟁은 발틱해, 백해, 태평양 일대로 확대되었다. 이 책에서는 크림전쟁의 여러 격전지 가운데에서 태평양 일대에서 전개된 영불 연합 함대의 러시아 함대 공략을 중심으로 영불 양국의 극동함대가 어떤 배경에서 한반도 동해안으로 진출하게 되었는지를 살펴보고자 한다.

1854년 3월 28일, 영국과 프랑스가 러시아에 개전을 선포했다는 소식은 몇 달이 지나서야 양국의 태평양 함대와 극동 함대에 전해졌고, 강력한 전력에도 불구하고 방대한 지역에 흩어져 있던 양국의 함대는 신속하게 전쟁에 임할 수 없었다. 먼저 페루에 있던 영국과 프랑스의 태평양 함대는 자국의 포경선을 보호하고 러시아 함대를 공격할 목적으로 캄차카반도로 향했다. 연합 함대는 1854년 8월 말부터 9월 초까지 캄차카반도의 페트로파브로스크(Petropavlovsk)의 러시아 해군 기지를 공략했으나 큰 성과를 내지 못하고 북미로 돌아갔다. 이 지역 특유의 기후 조건으로 인해 양국 함대가 작전을 수행할 수 있는 기간은 제한적일 수밖에 없었다. 이듬해 남미에 있던 영불 연합 함대는 페트로파브로스크에 대한 2차 공략 명령을 받고 다시 돌아오지만, 4월 17일 러시아의 자보이카 (Zavoika) 제독은 오호츠크해로 철수한 후였다.

한편 동인도 함대를 지휘하는 영국의 스털링(Stirling) 제독은 오호츠크해와 타타르해협을 중심으로 러시아 함대 수색을 명령받는다. 그런데 영국의 스털링 제독은 1854년 10월 일본과 맺은 조약을 보완하기 위해 대부분의 함대를 이끌고 일본으로 갔고, 4월 초 엘리엇(Elliot) 함장에게 호넷(Hornet)호, 시빌(Sibylle)호, 비턴(Bittern)호를 이끌고 타타르해협을 조사하도록 명한다. 5월 20일 엘리엇 함장 일행은 4월 17일 페트로파블로스크를 떠난 자보이카 제독의 함대를 발견하지만, 세 척의 배로는 러시아 함대를 상대할 수 없다고 판단하여 스털링 제독에게 이 사실을 알리기 위해 비턴호를 보내고 러시아 함대의 동향을 살피지만, 나쁜 기상 조건을 이용해 러시아 함대는 아무르강으로 피신하였다. 엘리엇 함장은 남쪽으로 배를 돌려 사할린에서 스털링 제독과 비턴호를 만난다. 스털링 제독이 가지고 있던 지도에 의하면 남쪽에서 아무르강에 진입할 수 없고, 북쪽의 오호츠크해까지 가야만 아무르강에 도달할 수 있는 것으로 파악되었다. 그래서 먼저 타타르 지역을 다시 탐사하기로 하였다.

프랑스의 인도차이나 함대의 경우에는 지휘권 인수인계 문제로 공백이 생겨 콩스탕틴호의 함장 몽트라벨(Louis–Marie–François Tardy de Montravel. 1811–1864)이 명령을 수행하게 된다. 1855년 4월 17일 라게흐(Laguerre) 제독이 타고 있던 잔 다르크(Jeanne d'arc)호는 그의 후임자인 게랑(Guerin) 제독의 비흐지니(Virginie)호를 마중하러 싱가포르로 향했다. 콩스탕틴호의 몽트라벨 함장은 러시아 함대와의 결전을 위해 영국 함대와 합류하라는 라게흐(Laguerre) 제독의 명령을 따라 4월 5일 콩스탕틴(Constantine)호, 시빌(Sibylle)호, 콜베르(Colbert)호를 이끌고 상해를 출발하여 시모다(요코하마)를 거쳐 나가사키로 향하였다. 영국 함대와 합류하기 위해 5월 21일 출항하였으나 콜베르호는 심하게 파손되어 수리 후 상해로 보내졌고, 몽트라벨은 증기선 없이 콩스탕틴호와 시빌호만을 이끌고 5월 31일 나가사키를 출발하였다. 6월 3일 대한해협을 지나 6월 10일 하코다테에 도착하여 영국의 스틱스(Styx)호로부터 사할린 남쪽의 아니와(Aniwa)로 오라는 지시를 받는다. 6월 30일 약속 장소에 도착하여 영국 함대와 합류하였는데, 일본과의 무역협정 체결을 위한 교섭을 하러 스털링 제독은 다시 일본으로 돌아갔다. 30일 저녁 영국의 스털링 제독은 몽트라벨에게 러시아 함대가 중국해로 도주했을 수도 있다는 핑계를 대며 그들을 추격하기 위해 윈체스터(Winchester)호와 비턴(Bittern)호를 이끌고 하코다테로 가야 한다고 하면서 엘리엇 함장과 협력해 러시아 함대 추적을 계속하라는 지시를 남겼다.

아니와에는 프랑스의 콩스탕틴호, 시빌호, 그리고 영국의 시빌호, 스파르탄(Spartan)호, 호넷호 등 5척만 남아 있었다. 그러나 프랑스의 시빌호에 전염병이 발생하여 하코다테로 보낼 수밖에 없었다. 4척의 영불 연합 함대는 7월 9일 아니와를 떠나 사할린 동쪽 연안을 따라 북상하던 도중 바라쿠타(Baracouta)호를 만나게 되었다. 아무르강으로 진입할 수 있는 강 하구를 찾던 연합국 함대는 7월 25일 두 그룹으로 나뉘었다. 엘리어트 함장은 시빌호, 스파르탄호와 함께 8월 6일 아얀(Ayan)에 도착하였고, 바라쿠타호는 좌초된 러시아의 다이애나(Diana)호 병사들을 실어 나르던 그레타(Graeta)호를 발견하여 하코다테로 끌고 갔다. 콩스탕틴호와 호넷호는 오호츠크해의 남쪽 일대를 탐사하였지만, 러시아 함대의 흔적은 발견할 수 없어서 8월 11일 아얀에서 엘리엇 함장과 합류하였다. 몽트라벨과 엘리엇 함장은 다시 타타르해협으로 돌아가 아무르강의 입구를 찾고 러시아 함대에 대한 공격 결정을 내렸다. 영국 함대는 8월 13일, 프랑스 함대는 8월 15일에 각각 아얀을 떠나 아니와에서 만나

기로 했는데, 콩스탕틴호가 8월
26일 약속 장소에 도착했을 때
그곳에는 스파르탄호밖에 남아
있지 않았다. 엘리엇 함장과 나
머지 배들은 스털링 제독의 부
름을 받고 일본으로 돌아간 뒤
였다. 한 척의 함대로는 아무것
도 할 수 없어서 몽트라벨도 9월
10일 하코다테로 돌아갔다.

[그림 6-7] 콩스텅틴호의 함장 몽트라벨

자료: Franck, 1882, Photographie de Louis Tardy
de Montravel, BNF 소장.

프랑스의 시빌호와 영국의 피
크(Pique)호의 우루프(Urup) 섬에
서의 무력시위와 10월에 엘리엇
함장의 타타르해협에 대한 짧은
탐사를 제외하고는 1855년에 더
이상의 러시아 함대 추격은 없
었다. 1856년 2월, 유럽으로부터 종전이 가깝다는 소식이 전해졌고, 3월
30일 파리조약이 체결되었다. 러시아 함대는 줄곧 방어적인 태도를 보
이며 아무르강 하구에 숨어서 영불 연합 함대와의 직접적인 충돌을 피
하였다. 2년에 걸친 크림전쟁 중 태평양 지역에서 발생한 실전은 1854
년 8월 29일에서 9월 6일 사이에 있었던 페트로파브로스크 공격 한 번밖
에 없었다. 러시아 측의 손실은 영불 연합 함대에 의한 것이 아니었다.
다이애나호는 자연재해로 좌초된 것이었고, 팔라스(Pallas)호의 경우는
포와 물자를 비운 후 승무원들이 불을 질러 태워버린 것이었다.

프랑스의 콩스탕틴호는 1854년 11월에 발생한 지진으로 좌초된 러시
아 함대 다이애나호의 조사를 위해 1855년 4월 5일 상해에서 출발하여

시모다(요코하마)로 향한다. 5월 8일부터 나가사키에 머무는 동안 영국 함대와 협력하여 오호츠크해 일대에 정박해 있는 러시아 함대를 추격하라는 명령을 받고 5월 21일 증기선 콜베르호를 선발대로 출항시키는데, 콜베르호는 고토 섬에서 사고를 당해 다시 나가사키로 돌아온다. 파손의 정도가 심한 콜베르호는 일본 정부의 도움으로 수리를 한 후 상해로 보내졌고, 몽트라벨은 콩스탕틴호와 시빌호를 이끌고 5월 31일 나가사키를 출항하여 한반도의 동해를 가로질러 하코다테로 향한다.

콩스탕틴호의 함장 몽트라벨은 1856년에 쓴 보고서 서문에 "군사작전을 수행하는 중이라서 정확한 수로 조사를 할 수 없었을 뿐 아니라 안개가 자주 끼어서 천문 관측 역시 불가능하였다. 일본과 관련된 지도는 라페루즈 및 크루젠스테른의 지도밖에 없었다."라고 기록하고 있다. 이진명(2010)은 상기의 부분을 인용하며 1853년에 프랑스를 떠날 당시 몽트라벨은 독도가 표시되어 있지 않은 두 종류의 지도만 갖고 있었기 때문에 1849년 포경선 리앙쿠르호의 독도 발견 사실을 몰랐을 것으로 보고 있다.

몽트라벨은 실제로 독도의 존재를 몰랐던 것일까? 1854~1855년판 프랑스 『해군 수로지』에 실린 상기의 보고서 본문에 리앙쿠르 암(독도)이 여러 번 언급되는 것으로 보아 당시 프랑스에서는 독도의 존재를 이미 알고 있었던 것으로 사료된다. 즉 "1855년 6월 4일 리앙쿠르 암에서 15 miles(약 24.14km) 정도 떨어진 위치에 있는데, 지도상에 지나치게 동쪽에 그려져 있어서 찾기 어렵고, 안개 때문에 볼 수 없었다."라고 기술하고 있다. 이 부분을 보면 앞에서 말한 것과는 달리 리앙쿠르 암(독도)이 표시된 지도를 가지고 있었던 것을 알 수 있다. 1855년 당시 지도에 독도가 표시되었다면, 그것은 아마도 1851년에 제작된 해도 1264번이었을 것이다. 또한, 보고서 마지막 부분에 몽트라벨 일행이 관측한 여러 지역의 좌표를 정리해 놓은 표가 있는데, 11월 17일에 발견된 리앙쿠르 암의 위치를 북위 37°2′(지도), 동경 129°42′(추정)라고 쓰고 있다. 북위 37°2′는 리앙쿠르호가 측정한 독도의 위치이며, 따라서 몽트라벨은 리앙쿠르호 가 독도를 발견한 사실을 알고 있었던 것으로 볼 수 있는 부분이다.

[그림 6-8] 뉴칼레도니아 우표에 표현된 콩스텅틴호

그런데 『해군 수로지』의 내용과는 달리, 이보다 앞선 1855년 6월 초, 일본의 하코다테로 향하는 콩스탕틴호의 항해 상황을 프랑스 해군성에 보고하는 편지에서 독도에 대한 언급은 전혀 찾아볼 수 없다. 몽트라벨 이 중국에 도착했을 때 호끄모헬 일행은 이미 프랑스를 향해 출발하여 만나지는 못했지만, 카프리시으즈호가 관측한 자료들을 후임으로 오는 몽트라벨 일행을 위해 남겨 두었다고 편지에 쓰고 있다. 몽트라벨은 호

ㄲ모헬 일행이 제작한 지도와 보고서를 참조했을 것이며, 따라서 호ㄲ모헬이 남긴 자료를 신뢰하여 하코다테로 갈 때에는 독도를 존재하지 않는 섬으로 생각했을 가능성이 크다. 실제로 몽트라벨의 편지를 보면, '한반도의 동해상을 항해하면서 특별한 사항이 없었다'고 기술하고 있다. 따라서 포경선 리앙쿠르호의 독도 발견 사실을 알았음에도, 카프리시으즈호의 동해 탐사 이후 제작된 지도에 독도가 없었기 때문에 그 존재를 의심하고 무시했을 것으로 사료된다. 그렇다면 왜 『해군 수로지』에 실린 보고서와 해군성에 보낸 편지의 내용에 차이가 있었던 것일까? 이러한 의문에 대해서는 영국 호넷호의 독도 발견 사실을 살펴본 후에 이어서 다시 논하고자 한다.

[그림 6-9] 호넷호의 자매 함선

자료: Royal Navy, HMS Cruizer(1852) at Malta in 1894(then named HMS Lark), Battleships-Cruisers website.

한편, 영국의 호넷호는 시빌호, 비턴호와 함께 1855년 4월 16일 홍콩을 출발하여 일본을 향한다. 호넷호의 항해일지를 보면 하코다테로 가는 도중 1855년 4월 25일 한반도의 동해상에서 지도에 표시되어 있지 않은 섬을 발견했으며, 이 섬은 북위 37°17′, 동경 131°54′에 위치한다고 기록하고 있다. 프랑스 측에서 측정한 경도와 비교하여 대략 2°20′ 정도 차이가 나는데, 당시 프랑스는 파리 자오선을 기준으로, 영국은 그리니치 자오선을 기준으로 경도를 측정하였던 것임을 상기할 필요가 있다. 그리고 독도 '발견' 사실을 같은 해 11월 항해 잡지 『Nautical magazine』에 '일본해에 있는 섬들'이란 제목으로 발표하였으며, "이 섬들은 일본해에 배가 지나가는 항로상에 있기 때문에 그 위치를 알리는 것이 유용할 것으로 판단하였다."라고 쓰고 있다. 그리고 호넷호의 함장 포사이스(Charles Codrington Forsyth, 1810~1873)는 호넷섬(독도)에 대해 "처음에는 다즐레섬의 위치가 지도에 잘못 표시되었을 것으로 생각하고, 다즐레섬으로 추정하였다. 그러나 라페루즈에 의하면, 다즐레섬은 둘레가 14.48km(9 milles: 1mille=1.61km), 숲이 있고 주민들이 거주한다고 하였다. 하지만 서로 맞닿은 듯한 이 두 섬들은 훨씬 작고, 사람이 살지 않을 뿐 아니라 숲도 없고, 험한 두 바위섬은 상당히 높게 치솟아 있다."라고 기술하고 있다(Simpkin, Marshall, and Company, 1855).

영국 해군은 신속하게 이 사실을 지도 제작에 반영하는데, 1855년 10월에 발간된 지도 「Japan: Nipon, Kiusiu and Sikok, and a part of the coast of Korea」를 보면 다즐레섬 동남쪽에 호넷섬이 등장한 것을 확인할 수 있다. 독도의 이름은 세 척의 함대 중 가장 가까운 위치에서 섬의 위치를 측정한 호넷호의 이름을 딴 것으로 보인다.

[그림 6-10] 홍콩에서 하코다테로 향하는 호넷호의 이동 경로

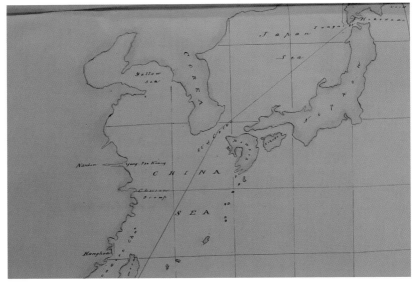

자료: 영국 The national archives, Kew 소장.

[그림 6-11] 호넷호의 항해일지 '4월 25일, 독도 발견 부분'

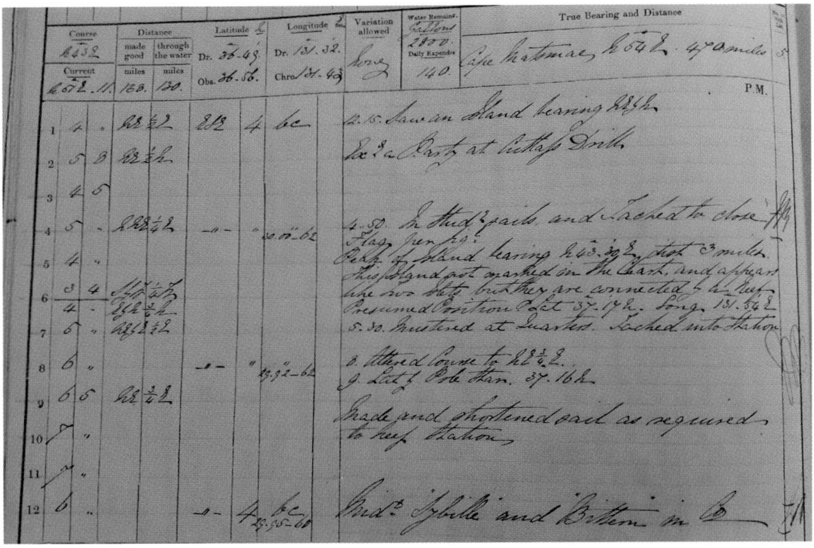

자료: 영국 The national archives, Kew 소장.

[그림 6-12] 호넷호의 독도 발견 사실이 반영된 영국 해군성 수로부 지도

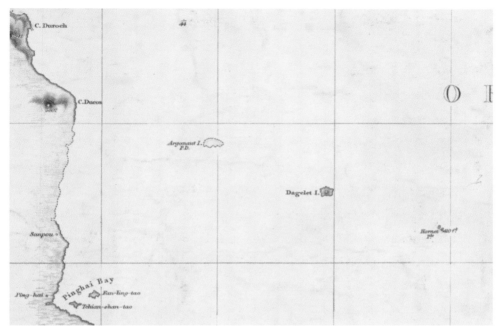

자료: Hydrographic office of the admiralty, 1855.

그런데 같은 시기에 런던의 한 대형 민간 지도 제작사에서 제작된 해도에 표현된 한반도 동해상의 섬들에 관한 정보를 해군성에서 제작된 해도의 내용과 비교해 보는 것은 대단히 흥미로운 일이 될 것이다. 당시 James Imray & Son은 런던에 있던 대표적인 민간 지도 제작 회사였는데, 이 회사에서 제작된 1863년 해도에 독도의 명칭은 호넷섬이 아닌 호넷 호의 함장 이름을 따서 포사이스섬(Forsyth Is)으로 표기되었다.

서구 해도 제작의 역사와 민간 지도 제작사에 대한 이해를 돕기 위한 차원에서 19세기 중반, 런던에서 유명세를 탔던 한 사업가와 그 회사에 대해 잠깐 살펴볼 필요가 있겠다. 제임스 임레이(James Imray, 1803~1870)는 런던에서 염색 업자의 장남으로 태어났는데, 아버지의 가업을 잇지

않고 문구점을 운영하던 윌리엄 루킨(William Lukyn)의 도제가 되어, 후에는 스스로 서적 판매상으로서 그리고 제본 기술자로서 자리를 잡았다. 1836년에 임레이는 블랜치퍼드(Robert Blanchford)의 회사와 동업을 하기로 하고, 회사명 Blanchford & Imray에 서명하였다. 그 당시 블랜치퍼드의 회사는 해도 제작업자 Norie and Laruie와의 경쟁에서 어려움을 겪고 있던 상황이었는데, 임레이가 투입되면서 새로운 방식의 임레이식 마케팅이 빛을 발하여 그 회사는 점점 살아나기 시작하였다.

그러던 중, 1846년 임레이는 Blanchford의 모든 지분을 사들여 해도를 제작하는 회사의 주인이 되었으며, James Imray라는 이름으로 출판을 시작하였다. 1850년에는 사무실을 더 확장하고, 사업이 잘되어 런던에서 가장 유명한 해도 출판업자가 되었다. 그러다가 1854년에는 25세가 된 임레이의 아들 James Frederick Imray가 동업자로 회사 일에 참여함에 따라 회사 이름은 James Imray and Son이 되었다. 그의 가장 성공적인 해도들은 특정 무역 루트를 대상으로 삼았는데, '조지아의 목화 항구', '인도의 쌀 항구' 등이 대표적인 사례이다. 그 밖에 1849년 캘리포니아 골드러시와 같은 사건에 맞춰 등장한 해도들도 있었다. 임레이의 회사는 영국의 해군성이나 미국의 해안 측량국 등 정부 기관들의 발전에 보조를 맞춰 비슷하게 성장하였다. 즉 기존의 해도 제작 방식에서 벗어나 항해사들에게 익숙하고 실용적인 형식으로 이미지를 새롭게 하였다. 그러다가 1870년에 임레이가 세상을 떠나자 회사는 급격히 기울기 시작하였다. 임레이의 아들은 해도 제작 및 출판에 대한 경험이 부족하다 보니 아버지 사후에는 아버지가 준비해 놓았던 지도들을 수정하거나 영국 해군성 제작 해도를 복제하는 정도의 일을 하게 되었다. 이 시기에는 해군성에서 만들어 놓은 양식을 따르다 보니 임레이가 생존하던 때와는 달리 해도에 장식을 넣는 비중이 크게 줄었다. 당시 해군성의 해도는 개인 회사에서 제작하는 해도보다 훨씬 더 저렴하고 최신의 정보를 수록하는 데 중점을 두었다. 세기 말에 이르러 이 회사는 급격히 기울어지기 시작하였고, 결국 1899년에 'James Imray and Son'은 비슷한 어려움을 겪고 있던 'Norie and Wilson'과 합병되었으며, 1904년에는 Laurie가 새로운 주인이 되었다. 현재 이 회사는 'Imray, Laurie, Norie and Wilson'이라는 이름으로 해도를 제작하는 일을 계속하고 있다(Imray Nautical Charts & Books).

[그림 6-13] 19세기 중엽 영국의 민간 지도 제작사에서 제작된 해도의 독도 표현 사례

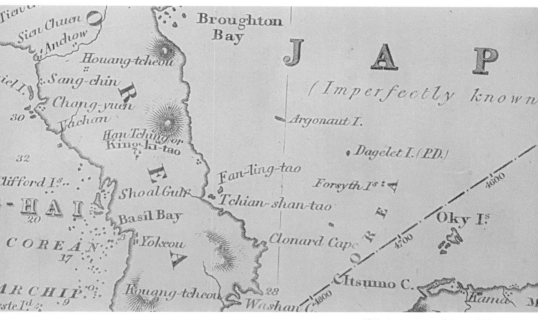

자료: James Imray & Son, 1863.

이 해도는 본래 프랑스의 리앙쿠르호가 독도를 발견했던 1849년에 초판 발행되었던 것인데, 1855년과 1863년에 각각 증보판이 발행되었다.

1849년판에는 중국과 프랑스를 경유하여 서구 세계에 전파되었던 울릉도와 우산도가 Fan-ling-tao와 Tchian-shan-tao로 표현되었으며, 라페루즈가 발견하고 다즐레라 명명했던 울릉도와 리앙쿠르호가 발견했던 독도는 표현되지 않았다. 그 후, 1855년 판에는 기존의 Fan-ling-tao와 Tchian-shan-tao가 그대로 표현되어 있으면서 아르고노트와 울릉도, 그리고 독도까지 모두 표현되었다. 그렇지만 존재에 대한 의문이 제기되었던 아르고노트 섬은 정상적으로 표현되어 있으며, 다즐레(울릉도)섬은 '의문의 섬'으로 표기되어 있다. 1863년에 발행된 해도도 1855년판과 내용이 동일하다. 이 지도에서 주목해야 할 부분은 한일 간에 해상 경계선이 명확하게 획정되어 있는 상황에서 독도가 한국의 영역 내에 표현되어 있다는 사실이다.

여기서 흥미로운 사실은 당시 영국 해군성에서 발표했던 호넷호의 독도 발견 사실이 James Imray & Son 측에 알려지긴 했지만, 섬의 명칭이 호넷섬이라는 사실은 몰랐던 것 같다. 또한, 프랑스 해군 장교 호끄모헬이 한반도의 동해상을 탐사하고 아르고노트는 없는 섬이라는 사실이 이미 알려진 상황이었음에도, 민간 지도 제작사에는 정확한 정보가 전달되지 않았던 것으로 추측된다. 즉 '의문의 섬'은 영국 측에서 발견했다는 아르고노트가 아닌 프랑스 측에서 발견한 다즐레섬에 표시되어 있다. 더욱이 영국의 브로튼에 의해 Fan-ling-tao와 Tchian-shan-tao는 실재하지 않는 섬이라는 판정이 나서 대부분의 지도에서 삭제된 이들 두 섬은 여전히 표현되어 있다.

당시 런던에서 가장 영향력 있는 지도 제작자들 중 하나였던 James Imray & Son의 해도가 이 정도로 부정확한 지리 정보를 포함하고 있었던 사실로부터 당시의 민간 지도 제작자들은 해군성 등 정부 기관과는 긴밀한 소통이 없었으며, 또한 최신의 지리 정보를 반영하지 못한 채 기존의 자료에 새로 알게 된 정보를 추가하고 지도의 가장자리에 화려한 장식을 꾸며 판매하는 수준이었던 것으로 사료된다. 또한, 프랑스의 경우, 포경선 리앙쿠르호가 1849년에 독도를 발견하고, 프랑스 해군성에서는 이미 그러한 사실을 접수했음에도 불구하고, 프랑스 해군성의 많은 장교들은 민간 선박이 제보한 정보를 신뢰하지 않았던 사실은 의미심장하다.

프랑스의 콩스탕틴호는 하코다테에 도착한 후 4개월 이상 영국의 호넷호와 함께 오호츠크해 일대에서 러시아 함대를 추격하는 임무를 수행하였는데, 그러한 과정에서 상호 간에 수집한 지리 정보 교환을 하는 긴밀한 유대관계가 형성된 것으로 볼 수 있다. 호넷호의 포사이스 함장으로부터 독도 '발견' 사실을 접했을 것으로 보이는 콩스탕틴호의 몽트라벨 함장은 임무를 마치고 상해로 귀환하는 도중, 11월 17일 한반도의 동해상에서 독도를 확인하고, 독도에 대한 좀 더 상세한 설명과 함께 스케치를 남긴다.

> " … 15 miles(약 24.14km) 정도 떨어진 위치에서 보니, 두 섬으로 이루어져 있고, 동쪽에 있는 섬은 그다지 높지 않고, 서쪽에 위치한 섬은 높고 가파르며 뿔처럼 생겼다." (Le Dépot des Cartes et Plans de la Marine, 1854~1855)

『해군 수로지』에 실린 몽트라벨 보고서의 항해기록을 보면, 맑은 날씨에도 불구하고 6월 4일에는 독도를 보지 못했는데, 11월 17일에는 굵은 비가 오는 날씨에도 독도를 확인하고 스케치까지 남긴 것으로 보아 호넷호가 발견한 섬이 리앙쿠르호가 발견한 섬과 동일한 섬인가 여부를 밝히는 데 큰 관심을 갖고 있었던 것으로 보인다.

[그림 6-14] 콩스탕틴호에서 스케치한 독도 이미지

Vue de la Roche Liancourt,
prise sous voiles le 17 Novembre 1855.

R. Liancourt au N. 17° O. à 15 milles.

출처: Annales hydrographiques, 1854-1855, 8.

　　1855년 항해 잡지 『Nautical Magazine』이 발표한 영국 호넷호의 독도 발견 사실은 1856년 프랑스의 『해군 수로지』에 번역되어 실리게 된다. 그리고 이와 관련하여 프랑스 해군 측은 "대략 이 지점에 위치해 있는 섬이 1849년 1월 2일(1월 27일이 『수로지』에는 1월 2일로 쓰여 있음) 르아브르의 포경선 리앙쿠르호의 라세(Lasset) 선장에 의해 발견된 것이다. 라세 선장은 그의 보고서에서 다즐레섬을 북서쪽으로 두고 동쪽 방향에서 바위섬을 보았으며, 이 섬은 북위 37° 2′, 동경 129° 26′ 지점에 있다고 진술했다. 1264번 해도에 표시된 이 섬은 영국 함대가 측정한 위치와 경도 8분, 위도 13분 정도밖에 차이가 나지 않는다. 영국 함장의 보고서는 라세 선장의 발견을 확인시켜 주는 것일까? 그렇지 않으면 1854년(1855년이 『수로지』에 잘못 기재되어 있음)에 잘 알려지지 않은 바다에서 새로 발견한 섬인가?"라고 기술하고 있다(Le Dépot des Cartes et Plans de la Marine, 1856).

프랑스의 콩스탕틴호의 증언뿐 아니라, 러시아 함대 팔라다호의 1854년 조선 동해안 탐사 및 독도 발견 사실이 1857년에 알려지면서 프랑스의 포경선이 발견한 리앙쿠르 암과 영국의 호넷호가 발견한 호넷섬이 동일한 섬이라는 사실이 명확해졌고, 서구에서 독도의 존재도 확실하게 인식되기 시작하였다(이상균·김종근, 2018). 1858년과 1861년도판 프랑스의 『해군 수로지』를 보면, 일본해를 항해할 때 위험하다고 여겨지는 섬들로 다즐레(마츠시마), 리앙쿠르(호넷), 아르고노트 섬을 언급하면서 각각의 섬들에 대한 설명을 하고 있는데, 아르고노트는 존재하지 않는 섬이라는 결론을 내리고 있다(표 6-2).

[표 6-3] 1858년과 1861년 판 프랑스 『해군 수로지』에 수록된 독도 관련 내용

| 1858년 판 프랑스 『해군 수로지』 내용 | 1861년 판 프랑스 『해군 수로지』 내용 |
|---|---|
| 리앙쿠르암(호넷): 북위 37° 14′, 동경 129° 35′에 위치한 이 섬들은 1849년 1월 27일 리앙쿠르호와 1855년 4월 25일 영국의 함대에 의해 발견되었다. 북서쪽에서 동남쪽으로 약 1.6킬로 정도 펼쳐져 있으며 초목이 없는 섬으로 각각의 섬은 대략 400미터가량 떨어져 있다. 두 섬은 암초로 연결된 것처럼 보인다. 서도는 약 124미터 높이에 뿔과 같은 모습을 하고 있고, 동도의 정상은 평평하고 이보다 낮다. 이 섬들은 일본해를 통해 하코다테로 가는 배들이 지나는 길목에 있기 때문에 위험하다. | 메넬라이와 올리부차섬(리앙쿠르암, 프랑스지도): 높이 솟은 두 바위섬은 흰색의 구아노(저자 설명. 산호초 섬에 바닷새의 배설물이 바위에 쌓여 화석화한 덩어리)로 뒤덮여 있어 상당한 거리에서도 확인할 수 있다. 북위 37° 14′, 동경 129° 36′ 51″에 위치한 이 섬들은 올리부차호에 의해 발견되었고, 메넬라이, 올리부차로 명명되었다. 이 섬들은 이웃하는 섬들과 꽤 멀리 떨어져 있고, 일본해를 가로질러 북쪽으로 가는 항로에 있기 때문에 두 바위섬의 발견은 항해상에 중요하다. |

출처: Annales hydrographiques, 1858; Anales hydrographiques, 1861.

1855년부터 독도는 확실한 존재로 인식되었고, 서구의 여러 지도에 그려지기 시작한다. 1853년 일본의 문호 개방을 요구하기 위해 극동에 다녀간 미국의 페리 제독이 1855년에 귀국하여 발행한 두 장의 지도 중 한 장을 보면, 한반도 동해안의 일부 해안선과 아르고노트 섬을 표현한 부분이 프랑스의 호끄모헬 함장 일행의 탐사 정보를 그대로 반영한 것임을 알 수 있고, 다즐레섬의 남동쪽에 독도가 호넷으로 표현된 것으로 보아 영국과 미국 간의 지리 정보 교류가 신속하게 이루어지고 있던 것을 짐작할 수 있다.

프랑스의 호끄모헬 함장 일행이 한반도 동해안 및 동해의 섬들을 탐사하고 제작한 지도를 보면, 두 가지 측면에서 명확한 특징을 발견할 수 있다. 먼저 호끄모헬 일행이 직접 확인하고 측량했던 한반도의 동해안은 실선으로 표현했던 반면, 확인되지 않은 구간에 대해서는 점선으로 표현하였다. 또한, 아르고노트 섬이 실존하지 않는다는 것을 확인한 결과가 지도에 표현되어 있는데, 이러한 모든 특징들이 페리 제독의 귀국 후 발행된 지도에 반영되었다는 것은 페리가 극동에 머무는 동안 호끄모헬 함장을 만나서 관련 자료를 받았다는 증거이다. 또한, 1855년에 영국의 호넷호가 독도를 발견하고 이 섬의 명칭을 호넷이라 명명하였는데, 그러한 사실이 페리 제독의 귀국 후 지도에 마찬가지로 반영되었다는 것은 영국과 미국 간에도 정보 교류가 신속하게 이루어졌던 것을 알 수 있게 해준다(안옥청·이상균, 2018).

[그림 6-15] 일본 탐험도의 동해 부분도

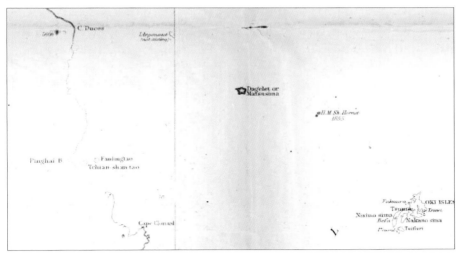

자료: Maury and Bent, 1855.

마지막으로, 1864년에 제작된 프랑스 해군성 지도를 보면, 독도가 프랑스 명칭인 리앙쿠르 암, 영국 명칭인 호넷 섬, 러시아 명칭인 올리부차와 메넬라이 등으로 표기된 것을 알 수 있다. 프랑스에서 제작된 지도의 한반도 동해상 부분에 독도가 명확하게 표현되어 있고, 그 무렵에 독도를 목격하고 지도에 표현했던 국가들의 명칭 표기 방식이 모두 반영되어 있다는 것은 관련국들 간에 지리 정보 교류가 활발하게 이루어졌다는 증거이다. 독도 명칭이 이렇게 다양하게 표기된 것으로 보아 그때까지는 독도의 명칭이 통일되지 않았음을 짐작할 수 있다. 독도는 이후에도 리앙쿠르 암, 호넷섬, 올리부차와 메넬라이 등 다양한 이름으로 불렸으나 1880년 이후 다른 명칭들은 대부분 지도상에서 사라지고, 서구에서 독도를 처음 발견한 프랑스 측 명칭인 '리앙쿠르 암' 명칭만이 오늘날까지 통용되고 있다(Li. 2010).

한편, 당시 영국과 프랑스 해군 사이에는 경쟁 관계가 있었던 것으로 추정되는데, 해양 탐사와 지도 제작의 관점에서 그들 간의 견제와 협력의 양상을 들여다보는 것은 흥미로운 일이다. 프랑스의 몽트라벨 함장은 선임자인 호끄모헬 함장과 마찬가지로 리앙쿠르 암의 존재에 대해 의구심을 갖고 있었던 것으로 추정되며, 그러한 상황에서 영국 호넷호의 포사이스 함장으로부터 이 섬이 실존한다는 사실을 전해 들었을 것으로 사료된다. 또한, 영국 측이 지도에 독도를 호넷섬으로 표기하고, 항해 잡지를 통해 이 섬의 발견 사실을 적극적으로 알리는 것을 보고 프랑스 측이 먼저 발견한 리앙쿠르 암에 대한 주도권을 영국 측에 빼앗기는 것을 우려했을 수도 있다.

예컨대 이러한 추정은 콩스탕틴호가 1855년 11월 임무를 마치고 상해로 돌아가는 길에 궂은 날씨에도 불구하고 리앙쿠르 암을 스케치하고, 섬에 대한 상세한 설명을 남기는 등 적극적인 태도를 취했던 것으로부터 가능해진다. 또한, 1852년 11월 10일 마닐라에서 쓴 호끄모헬의 보고서가 프랑스 『해군 수로지』 1854~1855년 판에 실려 있는데, 어떤 이유에서인지 이 보고서의 바로 다음에 이어지는 글이 1856년 11월 몽트라벨이 프랑스 귀국 후 쓴 보고서이다. 그리고 1855년 영국의 항해 잡지 『Nautical Magazine』이 발표한 호넷호의 독도 발견 사실은 1856년판 프랑스의 해군 수로지에 실리게 된다. 이러한 일련의 게재 순서를 봐도 몽트라벨 함장의 보고서를 왜 그렇게 서둘러 『해군 수로지』에 실었는지에 관해 짐작이 가능해진다.

『해군 수로지』에 실린 몽트라벨 함장의 보고서를 보면, 하코다테로 향하던 6월에도 이미 리앙쿠르 암의 존재를 확실하게 인지하고 있었다는 인상을 주는데, 이는 프랑스 측이 리앙쿠르 암을 먼저 발견했고, 그러한 사실을 프랑스 해군 측이 명확하게 인지하고 있었다는 것을 강조하는 것처럼 보인다. 이러한 정황을 통해 영국과 프랑스 측이 새로운 지

[그림 6-16] 독도 명칭이 다양하게 표현된 프랑스 해군성 지도

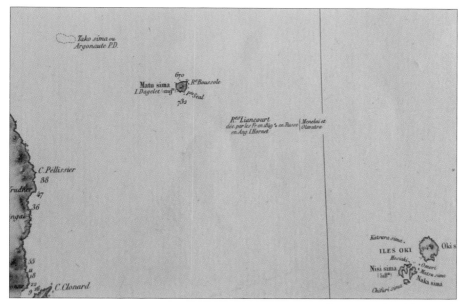

자료: 1864, 프랑스 파리 BNF 소장.

리 정보를 공유하는 등 전략적으로 협력 관계를 유지하면서도 동시에 경쟁 관계에 있었다는 사실을 파악할 수 있다.

1852년 7월, 프랑스 호끄모헬 함장이 한반도 동해상을 탐험하던 당시에 남긴 기록은 의미심장하다. 즉 영국 탐험가 등이 보고한 대부분의 지리 정보는 오류로 드러난 반면, 라페루즈와 같은 프랑스인의 탐사 결과는 비교적 정확한 것으로 판단하여 영국인들이 조사한 한반도 동해안에 대한 재조사를 결정하는 등 자국 탐험가에 대해서는 대단한 자부심을 보였던 반면, 경쟁국의 탐사 성과에 대해서는 평가 절하하는 태도를 보여주고 있다(안옥청·이상균, 2018).

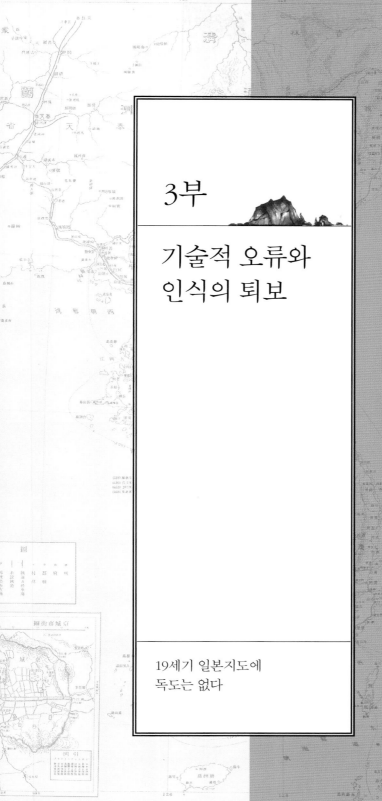

# 3부

기술적 오류와
인식의 퇴보

19세기 일본지도에
독도는 없다

# 7장

# 일본의 지도 제작과 독도에 대한 무지

## 1. 일본의 세계지도 제작

일본이 서양 문물을 수용한 것은 전국시대(1464)부터이다. 임진왜란 때 일본이 조총을 갖고 조선을 유린할 수 있었던 것도 포르투갈 상인들로부터 조총을 받아들였기 때문이다. 그 후, 도요토미 히데요시(豊臣秀吉, 1536~1598)는 예수회 선교사들과 상인들을 추방시키고 무역도 제한하였는데, 나중에는 서양인들이 나가사키(長崎)에서만 무역할 수 있게 그 범위를 한정하였다. 그때부터 일본은 네덜란드와 국교를 맺고 본격적인 교류를 시작하였다.

일본은 네덜란드 이외의 국가들에게는 문호를 개방하지 않았는데, 19세기 중반에 이르러 미국 페리(Matthew C. Perry, 1794~1858) 제독의 압박에 결국 굴복하고 말았다. 미일화친조약(1854) 체결 이후 영국, 프랑스 등 서구 열강들에게 차례로 문호를 개방하고 본격적으로 서양의 문물을 받아들이게 되었으며, 제국주의의 대열에 들어서게 되었다. 일본은 메이지 유신(1867) 이후, '이와쿠라 사절단(岩倉使節団)'을 미국과 영국 등지에 파견하여 서구의 근대 문물과 제도를 배워오게 하였다. 한민족에게는 좋지 않은 기억을 갖게 하는 이토 히로부미(伊藤博文, 1841~1909) 또한 이와쿠라 사절단의 한 멤버였다.

근세 일본에서는 네덜란드와의 관계만을 인정했기 때문에 네덜란드를 통해서만 서구 세계의 학문과 문화를 받아들일 수 있었다. 제일 먼저 받아들인 것은 의학과 과학기술 위주의 실용 학문이었으며, 의학·수학·천문학·지리학 등 다방면의 학문이 발전할 수 있었다.

[그림 7-1] 에도시대 상인·측량가 이노우 타다타카

자료: 伊能忠敬 史料館.

난학의 보급으로 실용 학문 이외에도 자연과학 분야 또한 크게 발전하였다. 천문학 분야에서는 뉴턴의 만유인력과 코페르니쿠스(Nicolaus Copernicus)의 지동설 등을 소개하였으며, 당시 막부에는 천문방(天文方)이라는 연구기관이 있었는데, 이곳에서 천문학자이자 역학자로 일하고 있던 다카하시 요시토키(高橋至時, 1764~1804)는 서양의 역법을 가미한 '간세이(寬政)력'을 만들었다. 또한, 요시토키로부터 역학과 측량을 배운 상인이자 측량가였던 이노우 타다타카(伊能忠敬, 1745~1818)는 일본 전역의 연안을 실측한 후, 지상에서의 실측값과 천체 관측을 통한 위도 측정을 조합하여 그 유명한 「대일본연해여지전도(大日本沿海輿地全圖)」를 제작하게 되는데, 이 지도는 그의 사후, 그의 문하생이었던 다카하시 가게야스(高

橋景保)에 의해 1821년에 완성되었다.

막부는 천문방(天文方)에서 일하고 있던 천문학자 다카하시 가게야스의 건의에 따라 네덜란드 서적의 번역을 장려하였다. 당시 나가사키의 네덜란드 상관(商館)에는 독일인 의사 시볼트(Philipp Franz Jonkheer Balthasar van Siebold)가 머물면서 난학의 발전에 크게 기여하였다. 다카하시 가게야스와 시볼트와의 관계에 대해서는 뒤에서 구체적으로 다루고자 한다.

[그림 7-2] 나가쿠보 세키스이

자료: 長久保赤水 顯彰會.

지리학자이자 한학자였던 나가쿠보 세키스이(長久保 赤水, 1717~1801)의 「개정일본여지노정전도(改正日本輿地路程全圖)」(1779)는 일본지도의 시초라 할 수 있다. 이 지도는 일본 열도를 주 대상으로 그려진 것이며, 멀리 부산포 및 울릉도(竹島)·독도(松島)는 외국(조선령)의 영토로 표현되었다. 예컨대 울릉도 옆에는 "見高麗猶雲州望隱州"라고 쓰여 있는데, 이는 "여기에서 고려(조선)가 보이는 것은 정확히 운주(雲州←이즈모/出雲)로부터 隱州(오키섬)을 바라보는 것(遠望)과 같다."와 같이 해석된다. 따라서 당시에 일본에서는 울릉도를 조선의 영토로 인식했던 것으로 보이며, 울릉도와 함께 일본의 영토 범위 밖에 표현된 독도 또한 일본의 영토가 아닌 조선의 영토로 인식했음이 분명하다. 지도에 표기된 지명 이즈모(出雲)는 일본의 옛 지방 이름(지금의 島根縣의 동부)이다.

[그림 7-3] 「개정일본여지노정전도」

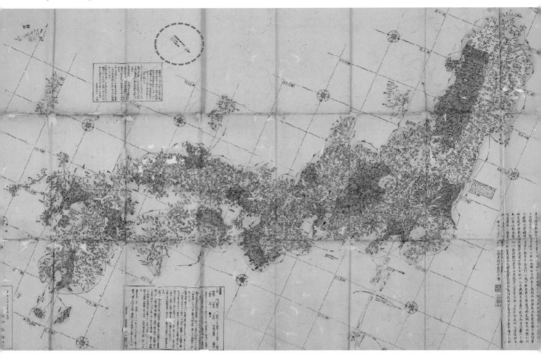

「개정일본여지노정전도」의 부산, 울릉도·독도 부분도

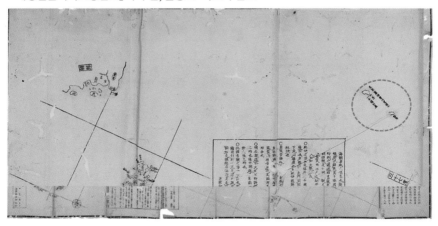

나중에 다시 제작된「개정일본여지노정전도」계통의 지도를 보면, 1779년 판과는 달리 울릉도와 독도 인근까지 좌표를 표시하고, 울릉도와 독도에 채색을 하여 마치 일본의 영토인 것처럼 왜곡시킨 사례도 있는데, 과연 채색 문제나 좌표 문제는 영유권 측면에서 결정적인 어떤 의미가 있는 것일까?

**지도에 표현된 해상거리선**

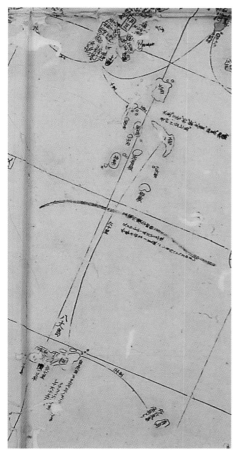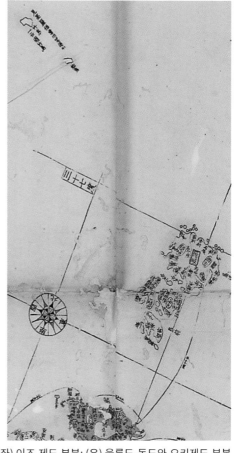

(좌) 이즈 제도 부분; (우) 울릉도-독도와 오키제도 부분
출처: 長久保 赤水, 1791.

「개정일본여지노정전도」의 판본 논란은 결국 독도의 채색 여부와 경위선 내 배치 여부의 문제이다. 1779년 판과 달리 1846년 판에는 독도에 채색이 되어 있는 것이 사실이다. 하지만 채색이 되어 있는 것은 독도뿐만이 아니다. 1846년 판에는 울릉도 역시 독도와 같은 색으로 채색이 되어 있다. 그렇다고 울릉도의 영유권 논란이 발생하지는 않는다. 그리고 1846년 판에는 부산 역시 색이 칠해져 있다. 따라서 채색의 경우, 울릉도와 독도가 조선의 부산 지역과 마찬가지로 채색이 되지 않았던 지도도 있고, 모두 채색이 된 지도도 있는데, 하나의 잣대로 판단하기보다는 지도별로 따져 봐야 할 문제로 여겨진다. 다만 독도가 명백한 우리 영토인 울릉도와 같은 그룹으로 표현된 점에 주목할 필요가 있다. 그리고 경위선 내 배치 여부도 마찬가지이다. 1846년 판에는 독도는 물론이고 울릉도, 그리고 부산까지도 모두 경위선 내에 배치가 되어 있다. 따라서 경위선이 무조건적인 영유의 의미까지 내포되었다고 보기는 힘들다. 특히 세키스이의 지도에서 경도는 위도와 달리 단지 눈금의 표시에 불과하여 동서 간의 거리 관계를 정확하게 표현하고자 시도된 것일 뿐이기에 더욱 그러하다.

그렇다면 「개정일본여지노정전도」의 영유권적 가치는 어떠한 점에서 찾을 수 있을까? 이 지도의 이즈 제도 부분을 보면 해안을 따라 선이 그어져 있고, 그 선에 거리가 기록되어 있는 것을 알 수 있다. 이 선들은 연안의 주요 지점뿐만 아니라 이즈 제도의 섬들에도 이어져 있다. 심지어 붉은색으로 채색된 치바현(千葉県)에서 270km 정도 떨어진 아오가시마(青ヶ島)까지도 거리선이 그려져 있는 것이 보인다. 이를 울릉도와 독도가 표현된 부분과 비교해 보자. 「개정일본여지노정전도」에서 울릉도-독도 및 오키 제도 부분을 보면, 붉은색으로 채색된 시마네현(島根県)에서 오키 제도까지는 선이 그어져 있고 거리가 표기된 것이 보인다.

하지만 울릉도와 독도 쪽으로는 아무 선이 보이지 않는다. 독도에서 시마네현까지 220km 정도 떨어져 있는데, 이보다 본토와 훨씬 멀리 떨어져 있는 아오가시마에는 선이 그어져 있고 거리도 나오지만, 독도로는 아무런 선도 그어져 있지 않은 것이다. 이는 1791년 판뿐 아니라 1846년 판도 마찬가지이다. 그러나 「개정일본여지노정전도」의 1779년 초판에는 이러한 해상거리선이 전혀 표현되어 있지 않다. 따라서 일본 연안을 중심으로 표현된 해상거리선 및 거리 수치는 이 지도가 재발행되는 과정에서 추가된 것이며, 이 같은 거리선의 유무가 당시 독도 영유권에 대한 인식을 간접적으로 나타내고 있는 것으로 볼 수 있다(최재영·이상균, 2018).

나가쿠보 세키스이(長久保 赤水)의 「개정일본여지로정전도」(1779) 이후, 1785년에는 하야시 시헤이(林子平, Hayash Shiei, 1738~1793)에 의해 「조선팔도지도」가 제작되었다. 이 지도를 보면, 울릉도가 실제보다 심하게 과장되어 있으며, 그 위치도 육지에 가깝게 표현되었다. 울릉도는 우산국이라는 명칭과 병기되어 있는 것이 특징이다. 이 지도는 그 이후에 일본에서 제작되는 지도에 적지 않은 영향을 미쳤던 것으로 보인다.

[그림 7-4] 하야시 시헤이

출처: 위키피디아.

16~18세기 사이에 조선에서 일본으로 전해졌을 것으로 추정되는 「조선팔도지도」는 일본인 지리학자 하야시 시헤이(林子平)가 1785년에 모

[그림 7-5] 하야시 시헤이의 「조선팔도지도」

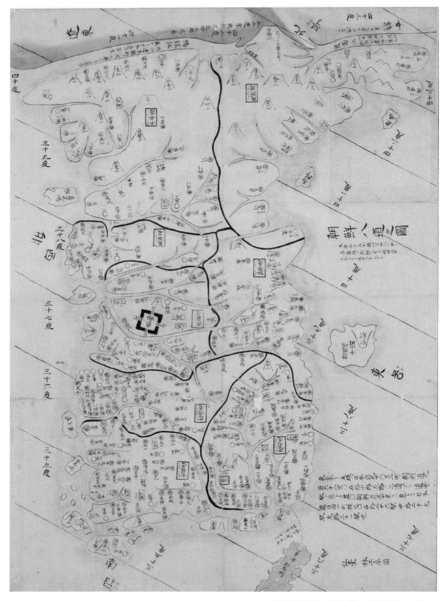

자료: 하야시 시헤이, 1785, 「조선팔도지도」, 일본.

사하였는데, 이 지도는 독일인 동양학자 클라프로트에 의해 1832년에 프랑스 파리에서 제작되었고, 이어서 독일인 박물학자 시볼트에 의해 1840년에 독일어 버전으로 다시 제작되었다. 따라서 「조선팔도지도」는 조선-일본-파리-독일로 이어지는 맵 트레이트의 과정을 잘 보여주는 사례라 할 수 있다

[그림 7-6] 조선-일본-프랑스-독일의 Map Trade 사례

자료: (좌) 클라프로트, 1832 (우) 시볼트, 1840.

　같은 해인 1785년, 하야시 시헤이(林子平)는 「삼국접양지도」를 제작하는데, 이 지도는 『삼국통람도설(1785)』이라는 책에 수록된 것이다. 「삼국접양지도」가 제작되기 이전에는 일본지도나 조선국지도 등 국가별 지도를 제작한 것이 특징이지만, 「삼국접양지도」는 일본 열도와 주변국

[그림 7-7] 하야시 시헤이의 「삼국접양지도」

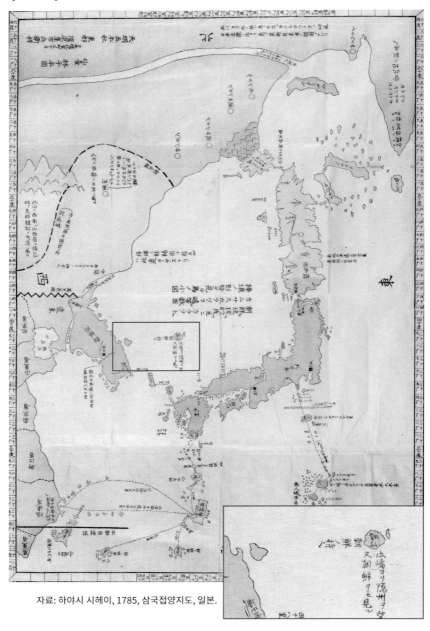

자료: 하야시 시헤이, 1785, 삼국접양지도, 일본.

을 그렸다는 측면에서 지도 제작의 스케일이 그 이전에 비해 크게 확대된 것이 특징이라 할 수 있다.

울릉도 및 독도와 관련하여, 「삼국접양지도」는 한국에서도 관심 있게 보고 있는 지도인데, 사실 이 지도에는 울릉도가 두 번 그려져 있다. 즉 조선인의 입장에서 인식하고 있는 울릉도(우산국)와 일본인들이 알고 있던 울릉도(竹島)가 한 지도에 나란히 표현된 것이 특징이다. 같은 해에 제작된 「조선팔도지도」에 있던 울릉도(우산국)가 표현되어 있었는데, 하야시 시헤이가 일본에서 조선으로부터 입수된 지도를 참조하여 「삼국접양지도」를 그리는 과정에서 조선의 울릉도(우산국)와 일본인들이 알고 있던 다케시마(竹島)가 동일한 섬이라는 것을 인식하지 못했던 것으로 보인다.

하야시 시헤이가 1785년에 「삼국접양지도」를 제작하였는데, 맵 트레이드의 관점에서 대단히 흥미로운 것은 「삼국접양지도」가 제작되고 나서 47년이 지난 1832년에 이 지도가 독일인 동양학자인 클라프로트(Julius Klaproth, 1783~1835)에 의해 프랑스 파리에서 불어판으로 발간되었다는 사실이다. 불어판 「삼국접양지도(Carte Trois Royaume)」는 하야시 시헤이가 그린 지도와 거의 흡사한데, 버전에 따라 대마도가 조선의 영토로 표시된 것도 있고 그렇지 않은 것도 있다. 울릉도와 부속 도서의 모양과 위치 등의 지

[그림 7-10] 독일인 동양학자 클라프로트

출처: 위키페디아.

리 정보는 대부분 하야시 시헤이의 지도와 비슷하다. 클라프로트(Julius Klaproth)의 「Carte Trois Royaume」(삼국접양지도)는 『San kokf Tsou Ran To Sits』(삼국통람도설)이라는 책에 수록되어 있다.

다카하시 가게야스(高橋景保, 1785~1829)는 일본을 대표하는 지리학자이자 천문학자로서 조선의 김정호(金正浩, 1804~1866 추정)에 비견되는 인물이다. 다카하시 가에야스는 에도 막부의 천문방에서 천문 연구와 지도 제작을 담당했던 학자로서 일본의 지도 제작사에서 큰 업적을 남긴 인물이지만, 안타깝게도 독일인 의사 시볼트(Philipp Franz Jonkheer Balthasar van Siebold, 1796~1866) 사건에 연루되어 투옥(1828)되었다가, 이듬해 옥사하였다. 시볼트 사건이란 나가사키의 네덜란드 상관에 와 있던 독일인 의사인 시볼트가 귀국하기 직전, 그의 소지품 중에서 국외로 반출이 금지되어 있던 일본지도 등이 발견되어 시볼트는 가택 연금을 당했다가 1829년에 강제 추방 조치되었으며, 해당 지도를 시볼트에게 건네준 천문방의 천문 담당관이었던 다카하시 가게야스 등 수십 명이 체포·구금되었던 일이다. 일본인 지리학자 다카하시 가게야스는 학문적인 호기심이 컸던 인물로 당시 독일인 의사 시볼트가 다카하시 가게야스에게 러시아 탐험가 크루젠슈테른(1770~1846)의 『세계 일주』 책을 주는 대신 다카하시는 시볼트에게 「대일본연해여지전도」의 축소판을 선물하였던 것이다. 일본의 천재적인 지리학자는 안타까운 죽음을 맞이했지만, 학자들 간의 학문적 호기심과 국경을 넘나드는 Map trade의 장면을 확인하는 것은 놀라운 일이다. 러시아 탐험가 크루젠슈테른에 관한 이야기는 뒤에서 다시 다루기로 한다.

일본의 천재적인 지리학자 다카하시 가케야스는 1809년에 「일본변계약도」를 제작하였는데, 이 지도는 「삼국접양지도」보다는 그 스케일이

[그림 7-8] 클라프로트가 모사한 「삼국접양지도」

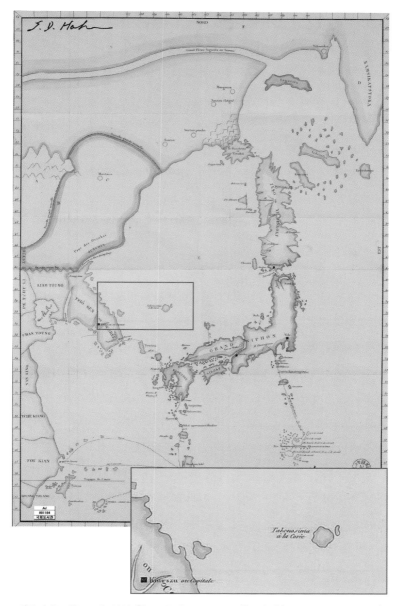

자료: Julius Klaproth, 1832, 「Carte Trois Royaume」, 『San kokf Tsou Ran To Sits』, 프랑스.

약간 더 확대된 크기이지만, 지도의 이름에서 알 수 있듯이 일본의 해상 경계를 나타내는 지도이다. 이 지도에 일본의 경계가 명확하게 드러나 있는 것은 아니지만, 한반도와 일본 열도 사이의 바다의 경우, 조선해 (朝鮮海)명칭이 한반도의 동쪽 연안에 가깝게 표시하는 정도로 그 의미가 담겨져 있다고 볼 수 있다. 이 지도는 극동에 관한 지도이지만, 한반도의 동해상에는 일본에서 전통적으로 인식하고 있던 다케시마(울릉도)와 마쓰시마(독도)가 표현되지 않았으며, 오히려 동해안 연안에 조선에서 인식하고 있던 울릉도와 우산도가 표현되어 있다. 따라서 이 지도는 울릉도와 부속 도서가 조선의 영역에 포함됨을 보여주는 것으로 볼 수 있다.

1810년, 다카하시 가케야스는 「신정만국전도」를 제작한다. 이 지도는 그 이전에는 없었던 세계지도로서 서반구와 동반구를 상세하게 표현하고 있다. 한반도와 일본 열도 부분만 보면, 1809년에 제작되었던 「일본변계약도」와 거의 차이가 없지만, 스케일은 비교도 할 수 없을 정도로 대폭 확대되었다. 한반도의 동해상에는 1809년의 지도와 마찬가지로 조선해(朝鮮海) 명칭이 한반도에 가깝게 표기되어 있다. 한반도와 일본 열도 사이에 일본해 명칭은 별도로 표기하지는 않았지만, 놀라운 사실을 한 가지 발견할 수 있다. 서태평양 쪽으로 일본 열도 동쪽 연안에 대일본해(大日本海) 명칭이 새롭게 추가된 것이다. 이러한 변화를 어떻게 설명할 수 있을까? 단지 해양 명칭을 표기할 때, 대륙이나 열도의 우측 연안에 바다 이름을 붙인다는 원칙에 따라 그렇게 표기한 것으로 보는 것이 옳은가? 아니면, 이 당시부터 일본은 태평양을 향해 나아갈 준비를 하고 있었던 것일까? 또는 일본 열도 서쪽의 바다를 소위 소일본해로 보고, 일본 열도 동쪽 연안의 큰 바다는 대일본해로 봤던 것일까? 어쨌든 이 시기를 기점으로 일본은 본격적으로 세계지도 제작에 속도를 내기 시작하였으며, 불과 반세기 후에는 대륙과 이웃 나라를 침략할 준비를 하였던 것이다.

[그림 7-9] 다카하시 가게야스의 「일본변계약도」

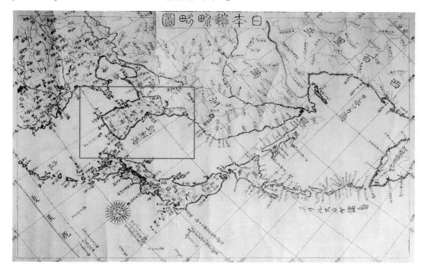

한반도 부분도

자료: 다카하시 가케야스(高橋景保), 1809, 「일본변계약도」, 일본.

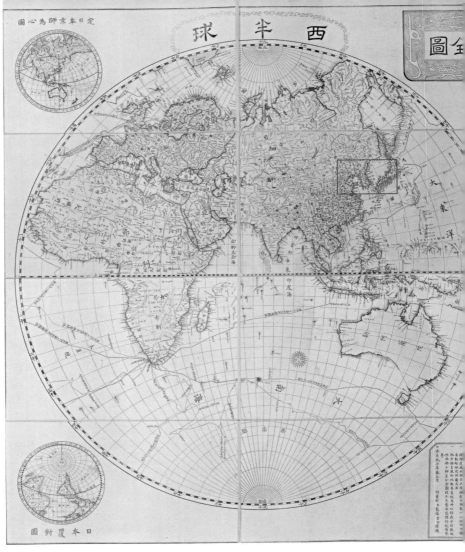

[그림 7-10] 다카하시 가게야스의「신정만국전도」

자료: 다카하시 가게야스(高橋景保, 1810, 「신정만국전도」, 일

　1809년 지도와「신정만국전도」의 큰 차이점 중의 하나는 1809년의 지도에 울릉도와 우산도 명칭이 원산만 쪽에 표기되었던 반면,「신정만국전도」에는 울릉도와 우산도 명칭이 완벽하게 사라진 것이다. 세계지도를 제작하다 보니 스케일의 변화로 인하여 두 섬이 생략되었던 것일까?

자료: 다카하시 가케야스
　　　(高橋景保), 1810.

「신정만국전도」의 한반도와 일본 열도 부분도

아니면 지도 제작자의 단순한 실수로 인한 누락인가? 1809년의 지도에서 한반도에는 도(道) 명칭만 있고 지명은 거의 없었던 반면, 1810년의 지도에는 동해안을 따라 주요 지명이 표기되었다. 어쨌든 「신정만국전도」에서는 스케일은 커졌지만, 한국의 울릉도이든 일본의 다케시마이든 간에 아무것도 등장하지 않는다.

한편, 나가사키의 네덜란드 상관에 머물고 있던 독일인 의사 시볼트는 1832년에 독일에서 「일본변계약도」를 독일어 버전으로 발간하였는데, 이 지도는 1809년에 일본인 지리학자 다카하시 가케야스가 그린 「일본변계약도」를 거의 그대로 다시 그린 것이다. 23년 만에 일본에서 제작된 지도와 극동에 관한 지리 정보가 유럽의 한복판인 독일에 소개된 것이다.

시볼트가 독일에서 발간한 지도와 1809년의 지도를 비교해 보면, 다카하시 가게야스의 지도에는 한반도의 동쪽 연안에 조선해 명칭을 표기한 바 있지만, 시볼트는 반대로 일본의 서쪽 연안에 Japansche Zee(일본해) 표기를 하였다. 동해상의 울릉도 및 독도와 관련해서는, 두 섬이 위아래로 각각 놓여 있는데, 위에 있는 섬은 마쓰시마이고, 아래쪽에 있는 섬은 다케시마이다. 사실 시볼트가 일본에 머물고 있던 시기에 일본에서는 울릉도를 다케시마로, 독도는 마쓰시마로 인식하고 있었으며, 이는 또한 영국인이 발견했다는 아르고노트 섬이 일본에서 알고 있던 다케시마일 것으로 오인하기 시작했던 시점과도 차이가 있다. 사실상 일본에서 오늘날의 독도를 다케시마로 부르기 시작한 것은 1905년의 시마네현 불법 편입 이후부터이므로 시볼트의 울릉도, 독도 명칭 표기는 잘못된 것으로 결론지을 수밖에 없다.

반면 1840년에 발간된 시볼트의 「일본전도」에는 아르고노트가 다케시마로, 다즐레는 마쓰시마로 표기되어 있는데, 이는 당시에 유행하던

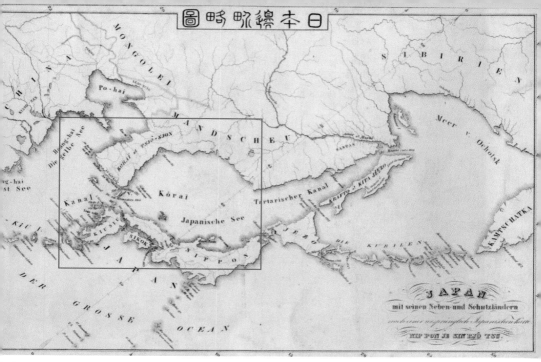

[림 7-11] 시볼트가 독일에서 발간한 「일본변계약도」　　　자료: Philipp Franz von Siebold, 1832, 「일본변계약도」, 독일.

시볼트 지도의 한국 동해 부분도
자료: Philipp Franz von Siebold, 1832.

세계지도를 참고했을 것으로 판단된다.

　독일인 의사이자 박물학자인 시볼트는 1832년과 1840년에 각각 「일본변계약도」와 「일본전도」를 독일에서 발간하였는데, 비록 울릉도 및

[그림 7-12] 시볼트의 「일본전도」

자료: Philipp Franz von Siebold, 1840, 「일본전도」, 독일.

독도의 위치나 명칭에 일부 오류가 있기는 하지만, 일본과 극동에 관한 지리 정보를 유럽 세계에 전파한 역할은 크다고 할 수 있다. 특히 주목할 만한 사실은, 미국의 페리(Matthew C. Perry, 1794~1858) 제독이 일본을 개항시키러 갈 때, 페리 제독의 손에는 독일에서 미국으로 건너간 시볼트의 지도와 일본 관련 자료를 갖고 있었던 것으로 확인된다. 이렇듯 독일인 의사 시볼트는 극동의 지리 정보를 유럽을 경유하여 아메리카 대륙에 전파하는 역할을 하였던 것이다.

**시볼트 지도에 표현된 한일 경계선**

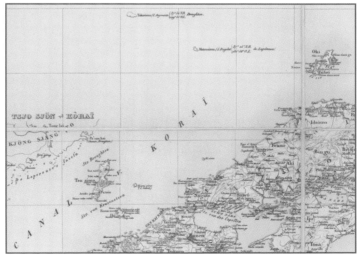

자료: Philipp Franz von Siebold, 1840.

[그림 7-13] 19세기 후반 독일의 한일 해상 경계 인식

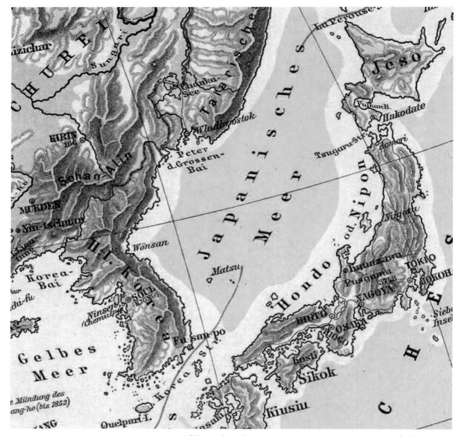

자료: Carl Dierke, 1896, Hinter-Asien, Schul-Atlas, 한반도 부분도.

한편, 19세기 후반에 독일에서 제작된 지도(Carl Dierke. 1896)를 보면 한 일간의 해상경계, 그리고 울릉도와 독도의 소속이 명확히 표현되어 있다. 예컨대, 시볼트가 모사한 다카하시의 「일본변계약도」에 처음으로 한일간의 해상경계를 한국해협으로 표현되었던 것이 이 지도에서는 더욱 선명하게 붉은 선으로 표현되었으며, 울릉도와 독도는 명확히 한국

의 영역 안에 표현되어 있다. 일본이 전통적으로 인식하고 있던 독도의 명칭인 마쓰시마는 울릉도에 표기되어 있고, 독도에는 아무런 명칭도 표기되지 않았는데, 당시에는 이미 리앙쿠르 암으로 널리 알려진 상황이었다.

19세기 후반부 동안에 서구 세계에서 제작된 지도를 보면, 제작자에 따라 다소 차이는 있지만, 울릉도와 독도는 대부분 한국의 영역으로 표현되었다. 이 시기에 영국의 한 민간 지도제작사가 제작한 태평양 지도(John Bartholomew. 1879)에는 독도가 호넷으로 표기되었고 한국의 영역 안에 표현되어 있는데, 흥미로운 것은 이미 실체에 대한 의문이 제기되었던 아르고노트 섬도 여전히 지도상에 표현되어 있다.

[그림 7-14] 19세기 중후반 영국의 한일 해상경계 인식

자료: John Bartholomew, 1879, Oceania and Pacific Ocean, 동아시아 부분도.

1810년에 일본에서 제작된 「신정만국전도」에는 한반도 동해상의 섬들이 전혀 표시되지 않았는데, 19세기 중반 무렵, 영국의 지도를 거의 그대로 따라 그리는 과정에서 영국의 지도에 포함되어 있던 울릉도와 부속 섬들이 일본에서 제작되는 지도에도 동일하게 표현되기 시작하였다. 당시 지도에 반영된 일본의 독도 인식 여부에 관한 문제는 다음 절에서 다루고자 한다.

## 2. 일본의 서구 지도 모사와 독도에 대한 인식의 퇴보

7장의 두 번째 절에서는 일본의 국가 주도적 지도 제작과 관련된 맵 트레이드 사례를 소개하면서 지도 제작 과정에서 독도에 대한 인식이 흐려지는 상황을 보여주고자 한다. 일본에서는 19세기 초부터 본격적으로 세계지도를 제작하기 시작하였다. 지도 제작은 주로 정부 기관이나 국가의 주도로 이루어졌는데, 당시 지도 제작 당국에서는 한반도 동해상에 있는 울릉도나 독도에 대해서는 명확하게 알지 못했던 것으로 보이며, 오히려 한반도를 포함한 대륙이나 서구 세력의 움직임 등 지정학적 측면에 더 관심이 많았던 것으로 보인다.

19세기 중엽, 일본의 해군 장교였던 가쓰 가이슈(勝 海舟)는 「대일본연해약도(1867)」를 제작하였는데, 이 지도는 4년 전에 영국의 해군성에서 제작된 해도를 거의 그대로 모사한 것이다. 영국의 지도를 보면, 의문의 섬 Argonaut는 점선으로 표시되어 있고, 울릉도는 다즐레와 마쓰시마가 병기되어 있고, 독도는 리앙쿠르 암 등 당시 영국·프랑스·러시아 등의 국가들이 명명했던 이름들이 총망라되어 있다.

일본의 「대일본연해약도」를 보면, 아르고노트 섬은 과거에 일본에서 울릉도를 지칭하던 다케시마(竹島) 명칭으로 표기되어 있고, 울릉도에는 독도를 지칭하던 마쓰시마(松島) 명칭이 표기되어 있다. 흥미롭게도 독도는 프랑스의 포경선

[그림 7-15]
일본의 해군 장교 가쓰 가이슈

자료: 위키피디아.

리앙쿠르호가 명명한 프랑스식 이름인 Liancourt 암을 일본식으로 발음한 량코도(りゃんこ島)로 표기되어 있다.

[그림 7-16] 영국의 해도에 표현된 동해상의 섬들

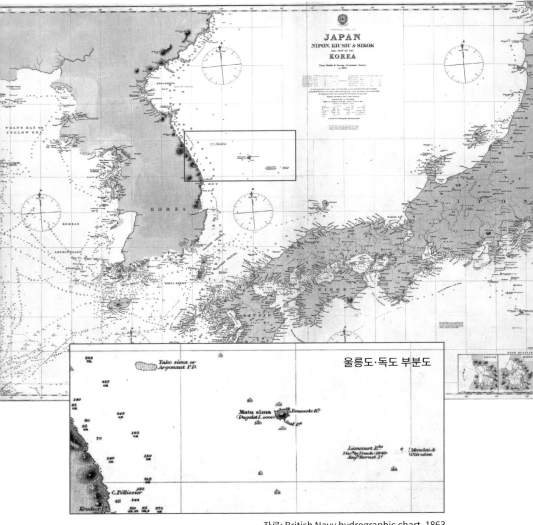

자료: British Navy hydrographic chart, 1863.

[그림 7-17] 일본의 해도에 표현된 동해상의 섬들

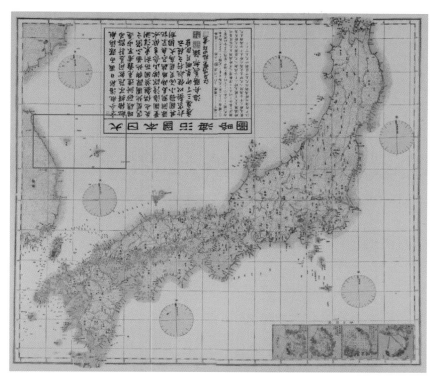

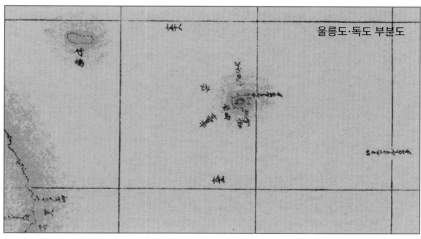

울릉도·독도 부분도

자료: 가쓰 가이슈(勝 海舟), 1867.

일본이 세계지도를 제작하면서 기술적인 오류를 범하고 있던 상황에서, 러시아의 탐험가 크루젠스테른(Adam Johann von Krusenstern. 1770~1846)은 1827년에 펴낸 『태평양 해도집(Atlas de L'Ocean Pacifique)』을 통해 또 다른 제3자의 입장에서 다음과 같이 진술하고 있다.

> "일본에서 말하는 Takeshima(竹島)는 Argonaut와 같고,
> Matsusima(松島)는 Dagelet와 같은 섬일 것"

사실 크루젠스테른은 세계 일주를 한 경험이 있기도 하지만, 일본에 수개월 동안 체류하면서 일본 근해를 측량하기도 하고, 그 시기에 일본의 지도 제작 전문가들과 교류도 했을 것으로 추정된다. 크루젠스테른은 영국과 일본의 Map trade에 직접적으로 관련이 없는 제3자임에도 불구하고, 서구 지도 제작자들이 일반적으로 알고 있던 아르고노트

[그림 7-18] 러시아의 탐험가 크루젠스테른

자료: 위키페디아.

(Argonaut)와 다즐레(Dagelet) 등 2도 체제와 일본에서 전통적으로 인식하고 있던 다케시마(竹島)와 마쓰시마(松島) 등 2도 체제가 기계적으로 대응되도록 하는데 일조했던 것으로 믿어진다. 이런 상황에서 일본은 의심의 여지 없이 오류가 있던 영국의 지도를 그대로 베낄 수밖에 없었던 것으로 추측된다. 그렇다 하더라도 최소한 일본이 독도에 대한 명확한 인식이 있

었더라면, 그런 식으로 울릉도(Dagelt)에 그들만이 알고 있던 독도 명칭 (松島)을 덮어씌우는 우를 범하지는 않았을 것이다(이상균, 2015).

다음으로는 러시아와 일본 사이의 Map Trade 사례를 검토하고자 한다. 러시아의 해군 제독이었던 푸치아친(Yevfimy Vasilyevich Putyatin, 1803~1883)은 1854년 4월, 팔라다(Pallada)호를 이끌고 한반도 동해안과 일본 열도 서해안을 측량하는 과정에서 독도를 발견하고 이 섬의 이름을 각각 올리부차(Olivoutza)와 메넬라이(Menelai)로 명명하였다. 푸치아친의 탐사 결과는 1857년에 러시아 해군성에서 제작한 「조선동해안도」에 반영되었으며, 독도는 조선의 동해상에 표현되었다.

1857년에 러시아에서 제작한 「조선동해안도」는 1862년에 일본에서 모사되었다. 일본에서 모사한 지도는 러시아에서 제작한 지도와 차이가 없었다. 의문의 섬 아르고노트는 여전히 점선으로 표현된 반면, 울릉도와 독도는 정확하게 표현되어 있다. 특히 독도는 여러 각도에서 보이는 모양이 구체적으로 묘사되었는데, 이는 독도의 전략적 중요성이 반영된 것이라 할 수 있다.

[그림 7-19] 러시아-일본 간의 Map Trade 사례

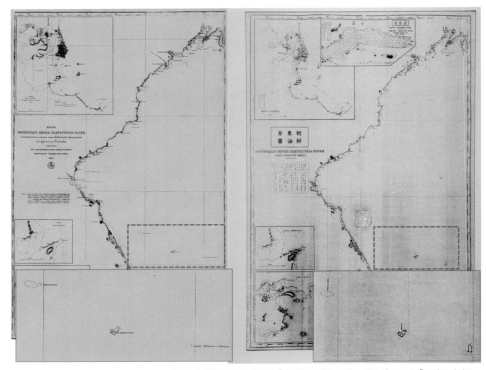

자료: 러시아 해군성, 1857, 「조선동해안도」; 일본 해군성, 1862, 「조선동해안도」.

　일본 해군성은 영국의 해도를 모사하는 과정에서 독도에 '량코도(りゃ
んこ島)'라고 표기하였는데, 그렇다면 량코도(りゃんこ島)는 독도를 지칭
했던 일본 고유의 명칭이었나? 오늘날 일본에서는 독도에 대한 그들의
'고유 영토론'을 주장하기도 하고, '무주지 선점론'을 주장하기도 하는
등 그들의 주장은 일관적이지 않다. 만약 아주 오래전부터 독도가 그들
의 영토였다면, 현재와 가장 가까운 19세기에도 당연히 그들의 영토였
어야 하는데, 그들의 지도 제작에서 드러난 바와 같이 일본에서는 19세
기 동안에 독도를 제대로 인식하지 못하고 있었다. 한편 일본의 무주지

선점론을 정당화하기 위해서는 1905년 이전에 독도가 그 어떤 국가에도 속하지 않았다는 근거가 명확해야 하는데, 17세기부터 19세기까지 일본에서 제작된 지도나 고문서를 보면, 독도는 조선의 영토라는 기록이 일관되게 나타난다.

[표 7-1] 일본에서 인식한 독도 명칭의 변천사

| 19세기 이전 | 19세기 | 1905년 이후 |
| --- | --- | --- |
| 마쓰시마(松島) | 량코도(りゃんこ島) | 다케시마(竹島) |

일본이 주장하는 독도 영유권 논리의 치명적인 모순이 앞에서 검토한 바와 같이 19세기에 일본이 영국의 지도를 모사하는 과정에서 드러난 단순한 실수로 보는 것은 무리가 있어 보인다. 즉 19세기에 일본에서 독도를 명확히 인식하고 있었다면, 문제가 있는 영국의 지도를 그대로 따라 그리지는 않았을 것이기 때문이다.

[그림 7-20] 일본의 독도에 대한 무지와 고유 영토론의 모순을 보여주는 지도

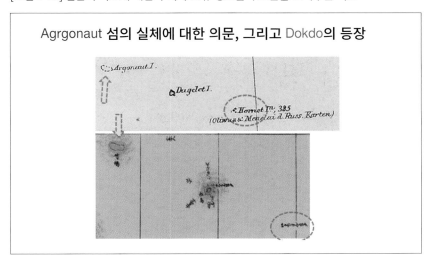

Agrgonaut 섬의 실체에 대한 의문, 그리고 Dokdo의 등장

지금까지는 극동에 관한 지리 정보가 중국을 통해 프랑스로 전해지고, 프랑스에서 유럽과 전 세계로 전파되고, 서구의 탐험가들이 그 자료를 가지고 다시 극동을 탐사하면서 지도를 제작하는 과정을 살펴보았다. 19세기 초부터 본격적으로 세계지도를 제작하기 시작한 일본은 19세기 중반 무렵 영국의 지도를 모사하면서 동해상의 섬들에 관한 기술적 오류를 범하였는데, 그것은 곧바로 독도에 관한 무지로 드러났다. 요컨대 동서양의 맵 트레이드 역사를 통하여 19세기 동안에 일본은 독도를 제대로 알지 못하였다는 사실이 명확하게 드러났다. 다음 장에서는 앞에서 논의한 맵 트레이드의 역사를 포함하여 독도 영유권과 관련된 일본의 중요 지도들을 시대적으로, 유형별로 종합 정리해 보고자 한다.

# 8장

# 19세기 일본지도에 독도는 없다

## 1. 무비판적인 서구 지도 모사: 독도 누락

이 책에서는 주로 동서양의 Map Trade(지리 정보 교류)의 역사를 통해 19세기에 일본이 해도나 세계지도를 제작하는 과정에서 독도의 실체와 명칭 간에 혼동을 일으켰던 경위를 중점적으로 다루었는데, 8장에서는 일본의 지도 제작에 반영된 울릉도·독도 인식의 유형과 특징을 세 가지 측면에서 정리하고자 한다.

첫 번째 유형은 19세기에 일본이 서양에서 제작된 지도를 모사하는 과정에서 기존에 독도를 지칭하던 마쓰시마(松島) 명칭을 다즐레(울릉도)에 비정하고, 울릉도를 지칭하던 다케시마(竹島) 명칭은 의문의 섬 아르고노트에 표기함으로써 결과적으로 그들이 알고 있던 마쓰시마(독도)의 실체는 지도상에서 사라지는 오류를 범한 사례이다.

두 번째 유형은 한반도와 일본을 포함하는 동아시아 지역에 대한 지도 제작 과정에서 조선으로부터 입수한 지리 정보(지도)를 참조하면서 조선에서 인식하고 있던 울릉도(우산국)와 일본에서 알고 있던 다케시마(울릉도)가 같은 섬이라는 것을 모르고 같은 지도상에 울릉도를 두 번 표현한 것이다. 이러한 오류는 맵 트레이드의 역사에서 초기 단계에 흔히 드러나는 사례라 할 수 있다.

세 번째 유형은 일본에서 전통적으로 인식하고 있던 울릉도와 독도의 표현 방식이다. 대표적인 사례는 나가쿠보 세키스이의 「개정일본여지노정전도」나 『태정관 지령』에 수록된 「기죽도약도」 등의 지도이며, 울릉도와 독도는 부산 지역과 함께 외국의 영토로 인식하고 일본의 영토 범위 밖에 표현하기도 하고, 울릉도와 독도를 조선의 영토로 명시한 사례들이다. 자세한 내용은 뒤에서 구체적으로 다시 다루고자 한다.

[표 8-1] 일본의 울릉도·독도 인식과 지도 제작상의 특징

| 유형 | 특징 | 내용 | 지도 사례 |
|---|---|---|---|
| A | 아르고노트 + 다즐레 (竹島) + (松島) → 서구 지도의 영향 | 영국에서 제작된 세계지도를 모사하는 과정에서 기존에 일본에서 인식하고 있던 竹島(울릉도)와 松島(독도) 명칭을 서구인들이 잘못 만들어 놓은 프레임에 무비판적으로 적용하는 과정에서 松島(독도)를 다즐레(울릉도)에 비정 | 「대일본국연해약도」 (가쓰 가이슈 (勝 海舟), 1867) 등 |
| B | 울릉도를 두 번 표현 → 조선 지도의 영향 | 조선의 우산국(울릉도)과 일본에서 인식하고 있던 다케시마(울릉도)가 같은 지도에 모두 표현 | 「삼국접양지도」 (하야시 시헤이, 1785) 계통 |
| C | 죽도(竹島)와 송도(松島)를 조선의 영토로 표현 → 일본의 전통적 인식 틀 | 다케시마(울릉도)와 마쓰시마(독도)를 부산 지역과 함께 조선의 영토로 인식하고, 일본의 영토 범위 밖에 표현 | 「개정일본여지노정전도」 (나가쿠보 세키스이, 1779) 계통, 기죽도약도 (태정관, 1877) 등 |

일본 해군성에서 영국 해군성이 제작한 해도를 모사하는 과정을 살펴본다면 당시 일본이 해도나 세계지도 제작 과정에서 독도의 실체와 명칭 간에 혼동을 일으켰던 경위를 어렵지 않게 파악할 수 있을 것이다.

[그림 8-1] 일본의 영국 해도 모사와 새로운 독도 명칭 등장

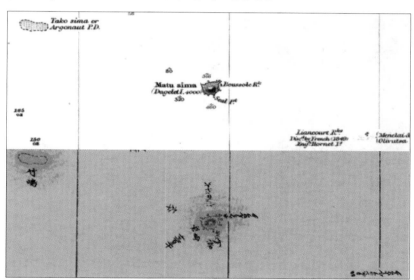

자료: (上)British Navy hydrographic chart, 1863; (下)가쓰 가이슈(勝 海舟), 1867.

일본 해군성이 영국의 해도를 모사할 당시, 영국의 해도에는 의문의 섬 아르고노트, 다즐레(울릉도), 그리고 독도(리앙쿠르, 호넷, 메넬라이 올리부차 등 여러 언어로 표기)가 표현되어 있었는데, 일본 측에서는 그들이 전통적으로 인식하고 있던 다케시마(울릉도)와 마쓰시마(독도) 명칭을 의문의 섬 아르고노트와 다즐레(울릉도)에 기계적으로 각각 비정하고 말았다. 결국 실제 독도에는 영국 해도에 있는 여러 외국어 중에서 프랑스어인 '리앙쿠르 암'이라는 용어를 일본식 '량코도(りゃんこ島)'로 표기하고 말았던 것이다.

지금까지는 19세기 중반에 일본 해군성이 영국 해군성의 해도를 모사하는 과정에서 드러나는 지도 제작의 실수를 다루었는데, 그 외에는 이와 유사한 오류가 없었던 것일까? 19세기 후반으로 갈수록 다양한 지도가 많이 제작되었는데, 일본인들이 제작한 「조선전도」류의 지도를 보면 한반도 동해상에 두 개의 섬이 등장한다. 오늘날 한국인들은 이러한 유형의 지도를 보면서 두 섬들 중의 하나는 분명히 독도일 것이라 생각하고 만족해 하기도 하는데, 과연 두 섬들 중 하나는 분명 독도라고 볼 수 있는가?

[그림 8-2] 일본인이 제작한 「조선전도」(19세기 후반)

자료: 시미즈 미츠노리, 1895, 조선여지도; 다나카 쇼소, 1894, 신찬조선국전도.

두 지도들 중 하나를 선택하여 동해상의 울릉도 주변부를 19세기 중반에 일본 해군성에서 영국 해군성의 해도를 모사했던 상황과 비교해 본다면 이들 지도에 표현된 섬들의 정체를 금새 알아차릴 수 있을 것이다.

의문의 섬 아르고노트가 지도상에 등장한 이후에 유럽에서 제작되었던 지도에는 한동안 이 섬이 존재하다가 해군성과 같은 지도에서 먼저 사라진 이후에도 민간 지도 제작자들의 지도에는 오랫동안 이 섬이 남아 있었는데, 일본에서도 마찬가지로 민간에서 제작된 지도에는 20세기 초까지도 이러한 오류가 지속적으로 남아 있었던 것으로 사료된다.

[그림 8-3] 19세기 후반 지도의 독도 유무 분석

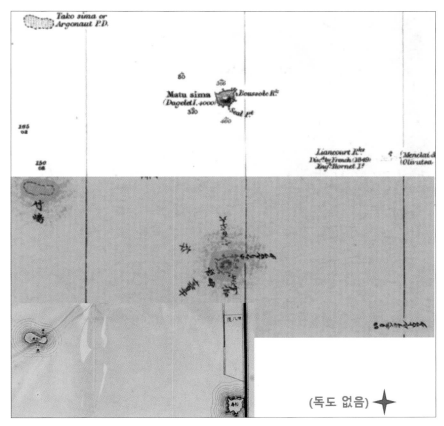

자료: (上)British Navy hydrographic chart, 1863; (中)가쓰 가이슈(勝 海舟), 1867; (下)시미즈 미츠노리, 1895

요컨대 영국 해군성의 해도(1863), 일본 해군성의 해도(1867), 그리고 19세기 말에 제작된 「조선여지도」(1895)의 동해상의 섬들을 비교해 본 결과, 19세기 후반에 제작된 「조선전도」류의 지도에는 독도가 없는 것으로 결론이 난다. 즉 이들 지도에 등장하는 두 섬들 중 하나는 아르고 노트의 허상이며, 나머지 하나의 섬은 울릉도였던 것이다.

## 2. 조선지도의 영향: 두 개의 울릉도

1785년에 일본인 지리학자 하야시 시헤이(林子平)가 일본에서 제작한 「삼국접양지도」와 「삼국접양소도」에는 조선의 울릉도가 우산국 명칭이 병기된 형식으로 표현된 동시에 일본에서 인식하고 있던 다케시마(울릉도)도 함께 표현되어 있다. 이들 지도에 표현된 울릉도와 다케시마의 모양은 약간 다르지만 크기는 비슷하며, 이들 지도에 표현된 두 개의 울릉도는 조선의 영토와 같은 색으로 표현되었다.

[그림 8-4] 「삼국접양소도」에 두 번 표현된 울릉도(우산국, 다케시마)

자료: 하야시 시헤이(林子平), 1785.

「삼국접양지도」 계통의 지도에는 울릉도가 두 번 표현된 것이 특징인데, 이는 조선의 지리 정보(지도)를 참고하는 과정에서 발생한 오류로 볼 수 있다. 이러한 계통의 지도가 제작되던 시기에 이미 조선의 지도나 지리 정보는 상당 부분 일본으로 전해졌던 것으로 볼 수 있다. 그렇지만 지도의 모양이나 지리 정보의 양, 그리고 우산국이란 명칭이 표기된 것을 보면, 상당히 오래전에 조선에서 건너간 지도를 참고한 것으로 추정된다. 조선의 어떤 지도가 이러한 계통의 지도 제작에 참고 자료로 활용되었는가에 관해서는 아직까지 구체적으로 밝혀진 것이 없는데, 이에 대한 보다 면밀한 연구가 이루어질 필요가 있다.

[그림 8-5] 「삼국접양지도」에 두 번 표현된 울릉도

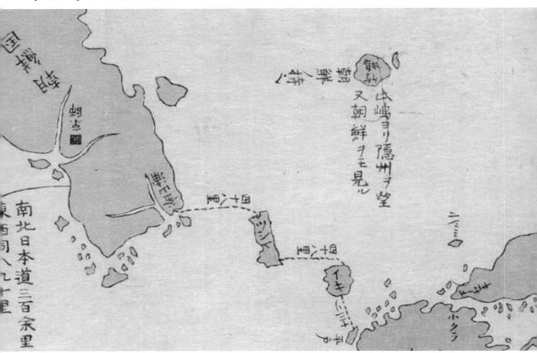

자료: 하야시 시헤이(林子平), 1785.

「삼국접양지도」 계통의 지도가 제작되었던 시기에 일본에서는 울릉도에 관해서 명확하게 인식하고 있었지만, 울릉도를 두 번 그리는 오류를 범함으로써 결과적으로 지도의 완성도는 크게 떨어진 것으로 볼 수 있다. 하야시 시헤이의 지도에는 대마도가 일본 영토와 같은 색으로 표현되었지만, 클라프로트가 독일에서 다시 제작한 지도에는 대마도가 조선의 영토와 같은 색으로 표현된 것이 특이하다. 또한, 「삼국접양지도」 계통의 지도에 표현된 울릉도와 이 섬의 부속도서의 표현 방식은 일반적으로 일본에서 인식하고 있던 섬의 위치 표현 방식과는 상당한 차이가 나며, 오히려 조선에서 제작된 지도의 표현 방식(섬의 위치, 모양, 두 섬 간의 거리 등)에 훨씬 가깝다고 볼 수 있다. 다시 말하면, 이 지도에 표현된 다케시마는 울릉도이지만, 다케시마 옆에 표현된 작은 섬은 일본에서 전통적으로 인식하고 있던 마쓰시마(독도)는 아니라고 생각된다. 즉 일반적으로 일본에서 독도(마쓰시마)가 울릉도(다케시마)와 오키시마 사이에 표현되었던 방식에 근거한다면, 이들 지도류에는 독도가 표현되지 않은 것으로 결론 내릴 수도 있다고 보인다. 한편, 「삼국접양지도」 계통의 지도에 표현된 울릉도의 위치와 제주도의 표현 방식은 「혼일강리역대국도지도」(1402)나 「황여전람도」(1717)에 표현된 방식과 상당히 유사한 것이 특징이다. 당시 일본에서 지도 제작 시에 울릉도를 해안가에 가깝게 그렸던 방식은 조선에서 전해진 「조선팔도지도」의 영향으로부터 비롯되었음이 분명해 보인다.

[그림 8-6] 클라프로트 버전의 「삼국접양지도」에 두 번 표현된 울릉도

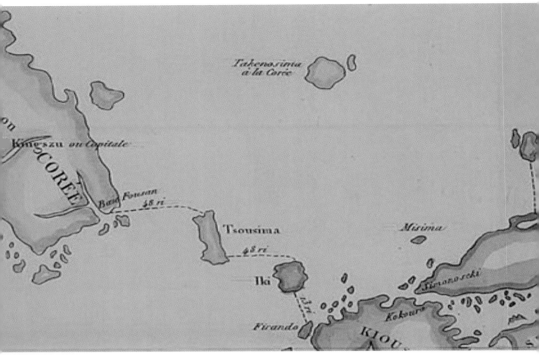

자료: 하야시 시헤이(林子平), 1785.

한편 1832년에 클라프로트(Julius Klaproth)가 독일에서 발간한 지도는
하야시 시헤이의 지도를 그대로 모사한 것인데, 이 지도 또한 하야시 시
헤이 지도와 마찬가지로 두 개의 울릉도가 등장하고 있다. 이 시기에 극
동에 관한 지리 정보가 유럽 세계에 전해진 것은 Map Trade의 관점에서
큰 의의가 있다고 볼 수 있으나, 결과적으로는 부정확한 정보로 인하여
지도의 발달이 지체될 수 있는 요인을 제공해 준 측면 또한 있는 것으로
볼 수 있다. 클라프로트의 지도에 표현된 다케시마는 하야시 시헤이의
지도에서와 마찬가지로 조선의 영토와 같은 색으로 표현되었다.

[그림 8-7] 「조선팔도지도」의 형태 및 울릉도(우산국)의 지도표현 방식

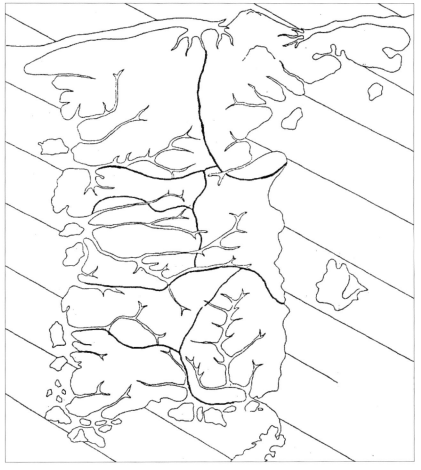

출처: 남영우, 1995, 임자평의 조선팔도지도 연구.

## 3. 일본의 전통적 인식 틀: 울릉도와 독도는 조선의 영역

일본에서 전통적으로 인식했던 울릉도와 독도에 대한 인식의 구조는 독도가 울릉도와 오키도 사이에 위치하는 것이며, 독도의 명칭은 송도 (松島)였다. 이러한 유형의 지도는 안용복의 도일 무렵에 제작된 것으로부터 19세기까지 일관되게 제작되었다.

[그림 8-8] 울릉도와 오키도 사이에 표현된 독도

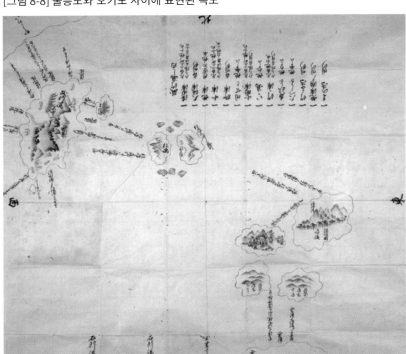

자료: 「죽도지회도」, 1696, 일본, 시마네현립 도서관 소장.

1696년에 일본에서 제작된 「죽도지회도」는 안용복의 도일 당시 일본

인들이 인식하고 있던 울릉도와 독도가 잘 표현된 지도이다. 독도(송도)
는 오키도에 비해 울릉도에 훨씬 더 가깝게 표현되어 있으며, 독도는 일
본인들에게 관념적으로 울릉도에 비해 훨씬 더 가깝게 인식되었던 관계
로 독도가 상대적으로 크게 표현되어 있다. 그 당시 일본에서는 울릉도
가 이소 다케시마(磯竹島)로 알려진 것으로 보인다. 울릉도 근해에 있는
오늘날의 죽도는 독도에 비해 훨씬 더 작게 표현되어 있으며, 관음도는
반대편 사동항 연안에 표현되어 있다. 이 지도에는 독도의 소속에 관한
특징이 명확하게 드러나 있지는 않은 것으로 보인다. 그러나 같은 해에
기록된『원록9병자년 조선주착안 일권지각서(元綠九丙子年 朝鮮舟着岸 一卷
之覺書)』를 보면, 독도의 소속 문제는 명확해진다.

[그림 8-9] 17세기 말, 일본의 울릉도·독도 인식 사료

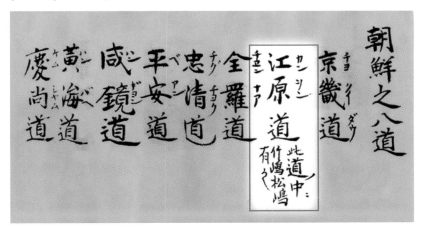

자료: 『원록9병자년 조선주착안 일권지각서(元綠九丙子年 朝鮮舟着岸 一卷之覺書)』, 1696.

안용복은 울릉도 및 독도 영유권과 관련하여 대단히 중요한 인물이
다. 『원록9병자년 조선주착안 일권지각서(元綠九丙子年 朝鮮舟着岸 一卷之覺

書)』는 1696년, 안용복의 두 번째 도일 당시 안용복 일행의 배가 오키(隱岐)섬에 머무는 동안 안용복 일행에 대한 일본 측 보고서이다. 이 자료에 따르면, '울릉도(竹島)와 독도(松島)는 조선의 강원도에 속한다'는 내용인데, 이는 당시 일본에 건너갔던 안용복의 담판 결과가 반영된 것으로 볼 수 있다. 이 문서는 17세기에 일본의 울릉도·독도 인식을 보여주는 귀중한 사료로서 오랫동안 알려지지 않고 있다가, 2005년에 이르러 무라카미 가문의 후손에 의해 세상에 알려지게 되었다.

나가쿠보 세키스이(長久保 赤水)의 「개정일본여지노정전도(改正日本興地路程全図)」(1779) 제작 이후, 57년 후인 1836년에는 「竹島方角圖(죽도방각도)」가 제작되었다. 「竹島方角圖(죽도방각도)」는 『竹島渡海一件記(죽도도해일건기)』에 수록된 지도이다. 『죽도도해일건기』는 당시 불법으로 울릉도

[그림 8-10] 「개정일본여지노정전도」의 조선령(부산, 울릉·독도) 부분도

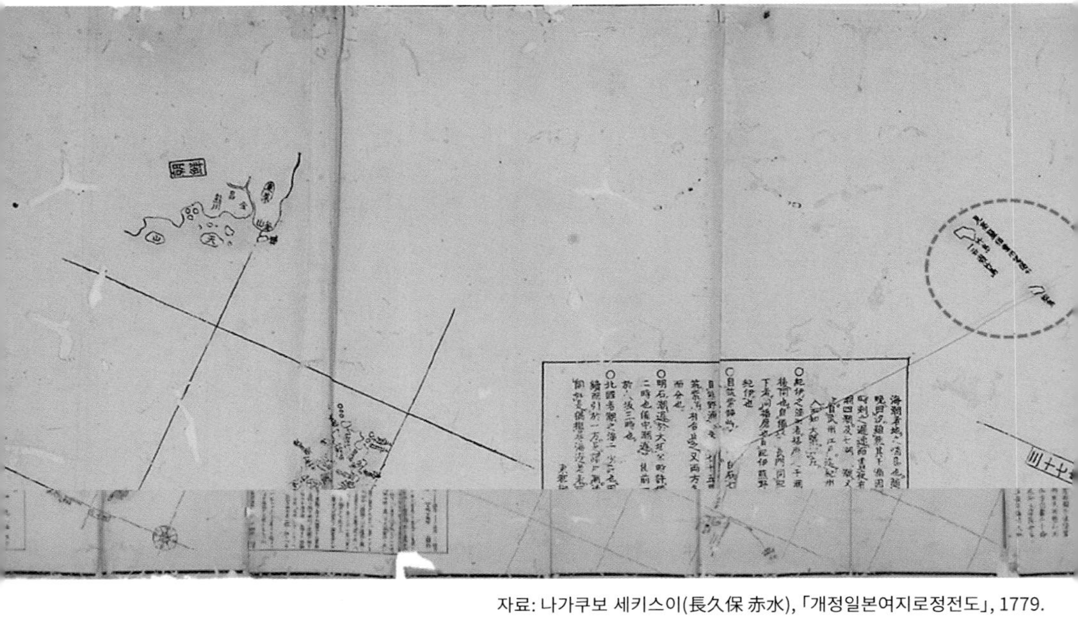

자료: 나가쿠보 세키스이(長久保 赤水), 「개정일본여지로정전도」, 1779.

[그림 8-11] 하치에몬 사건 당시, 일본의 울릉도·독도 인식 자료

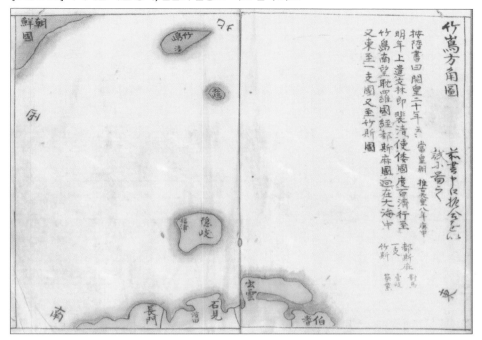

자료: 「竹島方角圖(죽도방각도)」, 1836, 『竹島渡海一件記(죽도도해일건기)』에 수록.

에 다녀간 일본인 상인 아이즈야 하치에몬(會津屋 八右衛門)을 심문하는 내용을 기록한 책이다. 이 지도에서 죽도와 송도는 조선과 동일한 붉은색으로 표현되어 있는데, 이러한 일본의 울릉도·독도 인식은 17세기 말의 안용복 당시의 상황과 『태정관 지령』(1877)에 반영된 일본의 영토 인식과 일맥상통하는 것으로 볼 수 있다.

[그림 8-12] 19세기 후반부, 일본 최고 행정기관의 울릉도·독도 인식 자료

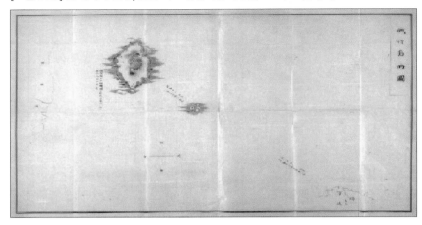

자료: 「기죽도약도」, 1877, 『태정관지령(太政官指令)』, 일본, 일본국립공문서관 소장.

19세기 말에 가장 중요하게 여겨지는 지도는 바로 1877년에 제작된 「기죽도약도」로서 이 지도는 『태정관지령(太政官指令)』에 수록된 것이다. 『태정관지령(太政官指令)』은 당시 일본의 최고 행정기관이었던 태정관에서 생산된 문건으로서 당시 일본의 울릉도·독도에 관한 인식을 가장 명확하게 보여주는 대표적인 자료라 할 수 있다. 울릉도와 독도에 관해 태정관지령은 다음과 같이 진술하고 있다.

"울릉도 외 1도(竹島外一島)의 건에 대해 일본(本邦)과는
관계가 없다는 것을 명심할 것. 메이지 10년(1877년) 3월 29일"

그렇다면 이 문서에 표현된 울릉도 외 1도는 어떤 섬인가? 이 섬에 관해서는 『태정관지령(太政官指令)』에 수록된 「기죽도약도」를 보면 명확하게 확인할 수 있다. 「기죽도약도」에 표현된 기죽도(磯竹島)는 오늘날의

[그림 8-13] 태정관지령(太政官指令)

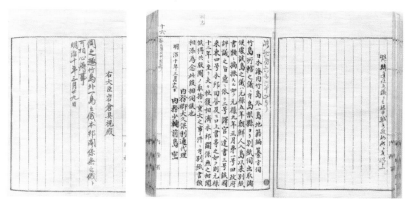

울릉도를 가리키며, 울릉도의 동남쪽 해상에는 바위섬이 표현되어 있
고, 송도라고 표기되어 있다. 당시에 송도는 일본에서 인식하고 있던 독
도를 의미한다. 따라서 『태정관지령』에 진술되어 있는 울릉도 외 1도는
오늘날의 독도를 의미하는 것이다.

요컨대 「죽도지회도」(1696), 『원록9병자년 조선주착안 일권지각서
(元綠九丙子年 朝鮮舟着岸 一卷之覺書)』(1696), 「개정일본여지로정전도」(1779),
「竹島方角圖(죽도방각도)」(1836), 「기죽도약도」(1877) 등 일련의 일본지도
들은 17세기 말부터 19세기 말까지 일본의 전통적인 울릉도·독도 인식
을 보여주는 대표적인 자료들이다. 이러한 지도들은 일관되게 독도가
한국령임을 보여주고 있다. 따라서 일본이 주장하는 고유 영토론이나
무주지 선점론은 전혀 근거도 없고 터무니없는 억지 주장에 불과하다는
것을 다시 한번 확인하게 해준다.

# 9장

# 일본의 독도 인식과 영유권 문제

## 1. 일본의 독도(일본명: 다케시마) 불법 편입(1905)

19세기 중반 무렵, 대다수의 서구 지도 제작자들이 울릉도 인근 연안에 표현되어 있던 아르고노트 섬의 정체에 대해 의문을 갖기 시작한 이후, 일본에서도 마찬가지로 의문을 갖기 시작하였다. 그러나 서구인들이 더 이상 이 섬이 존재하지 않는 것으로 결론 내리고 지도상에서 이 섬을 지웠던 것과는 달리, 일본인들은 이 섬의 정체에 대해 달리 여겼던 것으로 보인다. 즉 이 섬은 울릉도 북동 방향 2km 해상에 실존하는 섬(죽도)인데, 단지 지도상에 잘못 표현되었을 뿐 가상의 섬은 아니라는 관점이다. 따라서 한동안 잘못 표현되었던 이 섬(아르고노트)을 본래의 자리로 되돌리는 동시에 이 섬에 부여되었던 일본식 명칭(竹島)은 엉뚱하게도 당시 리앙쿠르 암(りゃんこ島)으로 불리던 오늘날의 독도에 오버랩시켰던 것이다.

잘못되었던 지리 정보를 수정하는 데 걸린 시간은 1904년에서 1905년으로 그리 길지 않았다. 일본인들이 의문의 아르고노트 섬을 울릉도 인근 해상에 실존하는 섬으로 인식하고 지도 정보를 수정하는 과정을 확인하는 것은 어렵지 않다. 아르고노트 섬의 위치에 있던 다케시마(竹島)를 울릉도의 북동 해상으로 이동시키는 과정과 실제 크기로 축소시켜서 울릉도 북쪽 연안에 밀착되게 표현하는 과정은 명확하게 확인된다. 이 과정에서 울릉도와 죽도(←아르고노트)는 그 모양이나 크기가 실제에 가깝게 수정되었는데, 이때 가상의 섬 아르고노트 섬에 부여되었던 다케시마(竹島) 명칭은 탈락되고, 대신에 오늘날의 독도를 가리키던 리앙쿠르 명칭에 오버랩된 것으로 볼 수 있다.

[그림 9-1] 일본 지도에 남아 있는 아르고노트 섬의 허상(1)

자료: 하마모토 이사부로(濱本伊三郎), 1904.

[그림 9-2] 일본 지도에 남아 있는 아르고노트 섬의 허상(2)

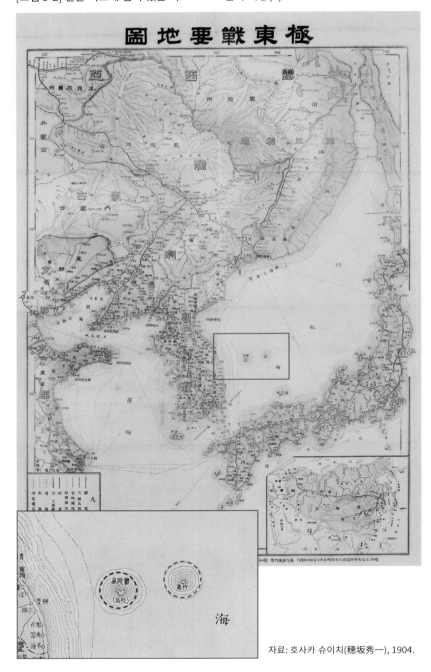

자료: 호사카 슈이치(穂坂秀一), 1904.

[그림 9-3] 일본 지도에 남아 있는 아르고노트 섬의 허상(3)

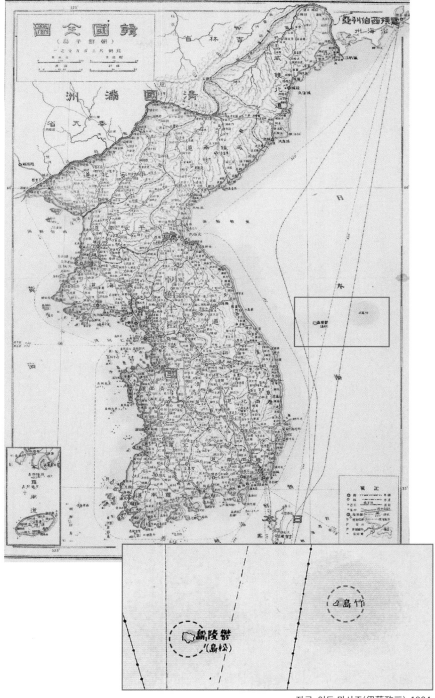

자료: 이토 마사죠(伊藤政三), 1904.

[그림 9-4] 일본 지도에 남아있는 아르고노트 섬의 허상(4)

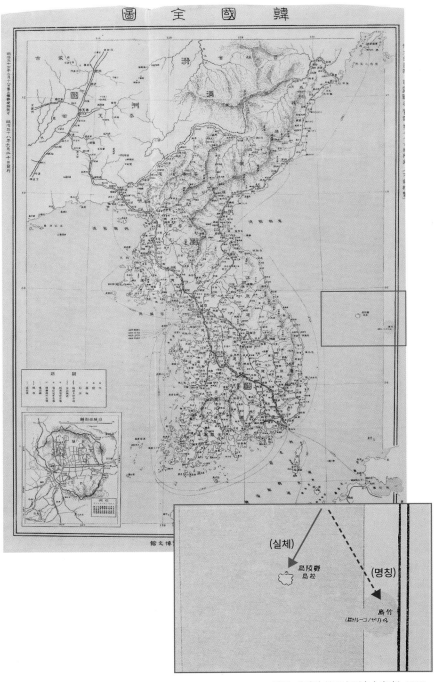

자료: 사이키 히로나오(齊木寛直), 1905.

[그림 9-5] 아르고노트 섬의 소멸과 독도의 등장 과정

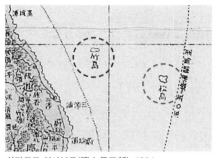

하마모토 이사부로(濱本伊三郎), 1904,
「極東日露淸韓四國大地圖」

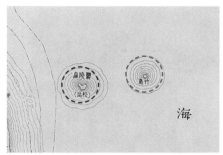

호사카 슈이치(穗坂秀一), 1904, 「極東戰要地圖」, 일본.

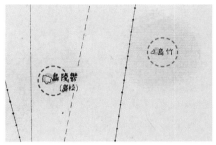

이토 마사조(伊藤政三), 1904, 「한국전도」, 일본.

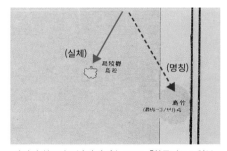

사이키 히로나오(齊木寬直), 1905, 「한국전도」, 일본.

　　그렇다면 일본은 왜 1904년과 1905년 사이의 시기에 독도에 큰 관심을 갖고 지도 제작의 오류를 바로잡으려 했던 것일까? 이 시기는 러일전쟁 중이었다. 따라서 동해상에 있는 울릉도와 독도의 지정학적 가치와 중요성은 그 어느 때보다도 더 부각되었던 것으로 볼 수 있다. 러일전쟁 이전에 일본 정부는 한반도와 중국 대륙 침략에 집착하고 있던 상황이어서 동해상의 작은 섬들에 대해서는 별다른 관심을 갖지 않았다고 보는 것이 상식일 것이다.

　　1904년과 1905년 사이에 일본의 지도 제작 과정을 살펴본 바와 같이, 일본인들은 "본래 다케시마(독도의 일본식 명칭)를 명확히 인식하고 있었지만, 지도 제작상의 오류로 인하여 울릉도 북서쪽 해상의 아르고노트 자

리에 잘못 표현했다가 나중에 이를 수정한 것"이라고 해명할 수도 있다. 그러나 그러한 해명조차 제기하기 어려운 이유가 있는데, 그것은 일본인들이 서구에서 제작된 지도를 모사하는 과정에서 독도를 리앙쿠르암으로 명확히 표현했다는 사실과, 같은 지도에서 아르고노트 위치에 다케시마(竹島)라는 명칭의 섬을 분명하게 표현했기 때문이다. 결국 19세기 동안에 일본인들은 독도에 관해 잊고 있다가 1905년에 이르러 명확하게 재인식했던 것으로 볼 수 있다.

1905년에 이르러 일본이 독도를 명확하게 인식하게 되었는데, 1905년에 사이키 히로나오(齊木寬直)가 제작한 「한국전도」에는 비록 그 명칭이 竹島(りゃんこ島)로 표기되어 있기는 하지만, 「한국전도」라는 지도의 명칭이 암시하는 바와 같이 이 섬은 울릉도와 함께 한국의 영역권 내에 표현된 것이 우리의 독도 영유권에는 큰 의의가 있다고 할 수 있다.

러일전쟁(1904~1905)을 치루면서 일본은 잘못 표현되었던 지도상의 독도의 위치를 바로잡는 동시에, 시마네현 고시 제40호를 통해 독도를 다케시마(竹島)라 칭하고 오키도 소관으로 정하는 등 한국의 독도를 일본의 시마네현 오키도 소속으로 편입시키는 어처구니없는 일을 저지르고 있었다.

[표 9-1] 시마네현 고시 제40호

島根縣 告示 第40號 (시마네 현 고시 제40호)

北緯三十七度九分三十秒東經百三十一度五十五分隱岐島ヲ距ル西北八十五浬
二在ル島嶼ヲ竹島ト稱シ自今本縣所屬隱岐島司ノ所管ト定メラル
(북위 37도 9분 30초, 동경 131도 55분, 오키시마[隱岐島]에서 서북으로 85해리 거리에 있는 섬을 다케시마[竹島]라고 칭하고, 지금 이후부터는 본현(本縣) 소속의 오키도사의 소관으로 정한다)

明治三十八年 二月二十二日 (명치 38년 2월 22일)

島根縣 知事 松永武吉 (시마네 현 지사 마츠나가 다케요시)

[그림 9-6] 20세기 초의 일본 군함 니타카(新高) 호

자료: 위키페디아.

이 무렵 울릉도와 독도 인근 해상을 항해했던 일본의 군함 니타카(新高)호의 항해일지는 독도 영유권과 관련하여 상당히 흥미로운 자료를 제공한다. 일본의 군함 니타카(新高)호의 1904년 9월 25일자 행동일지(軍艦新高行動日誌)를 보면, "이 섬에 대해 한인들은 독도(獨島)라고 쓰고, 일본 어부들은 량코도(りゃんこ島)라고 부른다"라는 기록이 있는데, 여기서 한인들이 인식하고 있던 독도 명칭은 1900년의 칙령에 포함된 석도(石島) 명칭과도 같은 의미이며, 1904년 이전, 즉 19세기 동안에도 한인들은 줄곧 이 섬을 독도로 부르고 석도로 썼을 가능성이 높다. 반면 일본 어부들은 이 섬을 일본에서 전통적으로 알고 있던 명칭(松島)도 아닌 서양식 발음인 량코도로 알고 있었다는 것은 그들 스스로 이 섬을 지속적으로 인지하지 못했음을 자인하는 것으로 볼 수 있다.

한편 1904년 9월 29일, 일본 시마네현에 살던 사업가 나카이 요자부로(中井養三郎)는 '량코도(りゃんこ島) 영토 편입 및 대하원'을 내무·외무·농상무상 앞으로 제출함으로써 시마네현의 불법 편입을 부추긴 바 있다.

[그림 9-7] 일본 군함 니타카호의 행동일지

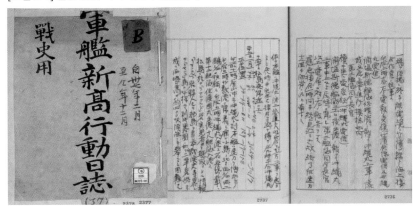

[그림 9-8] 니타카호의 행동일지에 기록된 독도 관련 내용

1905년 11월 17일, 일본은 한국의 외교권을 박탈하기 위해 강제로 을사늑약을 체결하였으며, 한국 정부는 국가적 위기 상황에서 일본이 독도를 그들의 시마네현으로 편입시키는 상황을 알았다 하더라도 속수무책으로 당할 수밖에 없었을 것이다. 그렇지만 독도는 1900년에 공포된 대한제국 칙령 제41호를 통해 울도군의 관할임이 공식화된 바 있다.

러일전쟁 시기였던 1904년에 프랑스 군 지도 제작소(Le Service Geographique de L'Armee)에서 군사적, 상업적 목적으로 제작된 「강릉(Kang–Neung)」 도엽 지도는 한국의 동해안과 울릉도·독도를 중점적으

[그림 9-9] 20세기 초, 프랑스의 한반도 동해상 인식

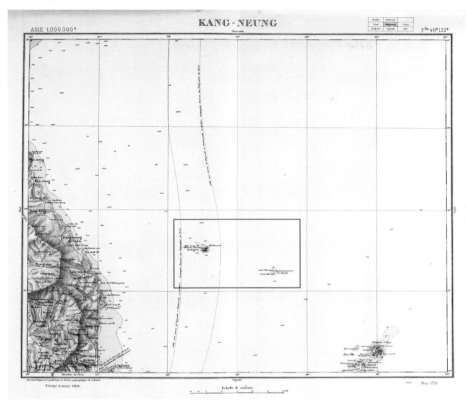

「강릉(Kang-Neung)」 도엽의 울릉도·독도 부분도

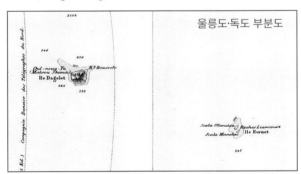

자료: 프랑스 군 지도 제작소(Le Service Geographique de l'Armee), 1904.

로 다루고 있다. 프랑스 군 지도 제작소(Le Service Geographique de L'Armee)는 현재 프랑스의 국립지리원의 전신이다.

　이 지도는 러일전쟁 당시 동해상의 지정학적 중요성과 가치를 실감나게 표현하고 있다. 예컨대 울릉도의 동서 연안을 남북으로 가로지르는 선은 해저 케이블을 매설한 표시인데, 이는 러시아의 블라디보스토크에서 일본의 나가사키를 연결하는 해저 케이블 선이다. 이는 당시 동해가 지정학적으로 매우 중요한 해상 공간이었다는 것을 상기시켜 준다. 실제로 울릉도와 독도 주변 해상에서 러일전쟁 최후의 전투가 벌어지기도 하였다. 이 지도에서 울릉도는 'Oul-neung-To', 'Matsushima', 'Ile Dagelet' 등으로 표기되어 있고, 독도는 당시 서양에서 불렸던 올리부차(Scala Olioutsa)와 메넬라이(Scala Manelai), 리앙쿠르 암(Rochers Liancourt), 호넷섬(Ile Hornet) 등으로 표기되어 있다. 이 지도에서 울릉도와 독도는 강릉이 있는 한국의 동해안과 동해상의 영역에 포함되어 있다.

## 2. 일제강점기, 일본의 독도 인식

1910년, 한국은 일제에 강제 병합되어 사실상 일제의 식민통치하에 들어갔다. 따라서 독도는 말할 것도 없고, 한반도와 부속 도서들은 일제의 식민지가 되었던 것이다. 일제강점기에는 많은 출판물이 간행되었는데, 독도 영유권과 관련해서는 그 당시에 출판된 『일본역사 지도』를 확인할 필요가 있다. 일제강점기의 출판물에 독도는 당연히 일본의 영토(소속)로 표기되어 있을 것으로 생각할 수 있지만, 확인해 보니 사실은 그렇지 않았다. 일제강점기 전반부에 발행된 이 책에는 러일전쟁 상황을 보여주는 지도가 수록되어 있는데, 「일본해해전도」라는 명칭의 지도에 울릉도와 독도가 표현되어 있다.

[그림 9-10] 『일본역사 지도』집의 신구판 표지

자료: (좌)芝盛葛(1927); (우)芝盛葛(1931).

당시 일본제국에는 조선뿐만 아니라 대만과 만주가 포함되어 있었으며, 조선이나 만주, 대만은 개별 국가로서의 지위는 상실하였고, 일본제국의 한 지역 단위로 인식되고 있었다. 일제강점기에 편찬된 어느 지도 책을 펼쳐보면, 지명과 개별 지명 뒤에는 괄호 안에 소속이 표기되어 있는데, 여기서 소속은 일제 식민지 이전 시기의 국가 단위, 즉 조선이나 대만, 만주 등과 같은 국가명이 들어간다.

「일본해해전도」에는 울릉도와 다케시마(竹島←독도)가 표현되어 있고, 지도집의 뒤쪽에 있는 색인을 찾아보면, 두 섬 모두 조선의 소속으로 표기된 것이 흥미롭다. 일제강점기에 일본에서 『일본역사 지도』를 제작하면서, 과거 조선의 영토였던 다케시마(竹島←독도)를 어찌하여 조선의 소속으로 표기했단 말인가? 어짜피 조선은 일제의 식민지 상태이기 때문에 이들 섬이 과거에 어느 나라 영토였는지에 관해서는 더 이상 대수롭지 않은 것으로 생각했던 것일까? 아니면, 당시 지도 제작을 담당했던 지도학자의 실수였던 것일까?

[그림 9-11] 『일본역사 지도』집의 속표지 및 독도 관련 페이지

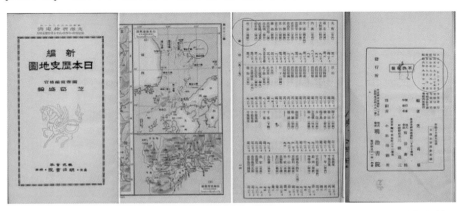

자료: 芝盛葛, 1927, 『日本歷史地圖』, 明治書院 株式會社.

일본인들은 학문 연구와 역사 기록에 있어서는 대단히 침착하고 거의 실수가 없는 민족이다. 특히 그들의 역사 지도를 제작하는 상황에서는 더욱 철저하고 치밀하게 고증하고 많은 토론을 거쳤을 것으로 생각된다. 19세기에 일본이 그토록 꿈꾸고 원했던 주변국들을 그들의 식민지로 삼았으니, 20세기 초에는 얼마나 안정되고 편안하게 그들의 역사를 정리할 수 있었겠는가? 이미 앞에서 살펴본 바와 같이 17세기 말부터 일본에서는 전통적으로 울릉도와 독도를 조선의 영토로 변함없이 인식하고 있었지만, 예외적으로 1905년에 독도를 일본의 시마네현에 불법적으로 편입시키는 우를 범하였던 것이다. 그러나 그들의 불법 편입이 일본 정부의 공인을 받았다거나 일본 민족의 역사 지도 제작에 반영될 만큼의 정통성과 합법성을 갖추었다고 볼 수는 없었을 것이다. 따라서 그들의 역사 지도를 제작하는 과정에서는 전통적으로 조선의 영토였던 독도를 일본의 시마네현 소속이 아닌 조선의 소속으로 표기할 수밖에 없었던 것이다.

우선 『일본역사 지도』의 편저자인 시바 카츠모리(芝葛盛)의 생애에 관한 자료는 많지 않은 편이다. 시바는 쇼와(昭和) 시대의 사학자로 1880년(메이지[明治] 13년) 4월 3일 도쿄부 우시고메(東京府 牛込: 현재의 도쿄도 신주쿠구)에서 태어나, 1903년에 도쿄제국대학 문과대학 국사과를 졸업하였다(日外アソシエーツ, 2004). 졸업 후 그는 도쿄제국대학의 사료편찬괘(史料編纂掛)에서 일하게 된다(東京国立文化財研究所美術部, 1957). 도쿄제국대학은 현재의 도쿄대학이며, 이곳의 사료편찬괘는 현재의 사료편찬소(史料編纂所)로 이름이 바뀌어 여전히 운영되고 있다. 시바는 도쿄대에 사료편찬괘가 설치된 지 채 10년이 지나지 않은 시점에 이곳에서 일하게 된 것이다. 이후 시바는 1914년부터 궁내성 도서료 편수관(宮内省図書寮編修官)으로 32년간 일하다 1946년에 퇴임한다(東京国立文化財研究所美術部, 1957). 궁내성은 현재의 궁내청(宮内庁)으로 이 기관은 황실과 관련되는 사무를 담당하는 곳이며, 궁내성에 속하는 도서료(図書寮)는 황실의 도서 및 기록을 보관하고 실록을 편찬하는 곳이다(松村明, 2006). 시바는 도서료에서 일하며「천황황족실록(天皇皇族実録)」286권을 편찬하는 등, 황실의 역사를 연구하면서(日外アソシエーツ, 2004) 동시에 도쿄제국대학, 릿쿄(立教)대학 등에서 일본사를 가르쳤다. 1946년에 퇴임한 시바는 문화재 보호에 힘쓰는 등 다방면에서 활동하였으며, 1955년 7월 13일 향년 75세로 세상을 떠난다(東京国立文化財研究所美術部, 1957). 따라서 시바가『일본역사 지도』를 펴낸 1922년이나『신편일본역사 지도』를 펴낸 1930년은 그가 궁내성 도서료에서 일하고 있을 때임을 알 수 있다.

일본에서 역사 지도 제작의 의도를 파악하기 위해서는 먼저,『일본역사 지도』초판이 나온 1922년부터「신편일본역사 지도」가 출간된 1930년까지의 시대적 배경에 관해 살펴볼 필요가 있다. 1868년의 메이지 유신은 도쿠가와 막부를 종결시키고 천황의 권위를 부활시켰다(Hall, 1970). 1871년에는 문부성이 설치되고, 전국에 2만여 개의 소학교가 설립되면서 프랑스 학제를 차용한 근대 교육이 실시되었다(박석순 외, 2008). 또한, 도쿄대를 위시한 관립학교들을 중심으로 근대적인 학문이 도입되면서 1890년대에는 자주적 학문 연구가 가능할 만큼 성장하였고, 다른 학문 분야들처럼 서양의 영향을 받은 역사 분야 역시 과학적 연구가 이루어졌다(구태훈, 2002). 하지만 급격한 서양화는 전통주의자들의 반발에 부딪히며, 특히 궁내성에서 일본적 가치를 옹호하는 유력 인사들은 서양화된 교육제도를 바꾸기 위한 시도도 있었다(Hall, 1970). 이러한 상황에서 1886년에서 1889년 사이 문부 대신을 지낸 모리 아리노리(森有礼)는 교과서 검정제를 도입하며 국가 중심의 교육 정책을 추진하였다(Gordon,

2003). 그 결과 1890년에 공포된 교육칙어(敎育勅語)를 필두로 황민화 교육이 전개되었고, 역사 교과에서는 일본의 기원이 진무(賑撫) 천황으로부터 시작되었다는 신화를 역사적 사실로 가르치기 시작하였다(구태훈, 2002). 이어서 1903년에는 교과서의 국정화가 시행되었다(河合敦, 1997).

[그림 9-12] 『신편일본역사 지도』 색인의 울릉도, 독도 부분

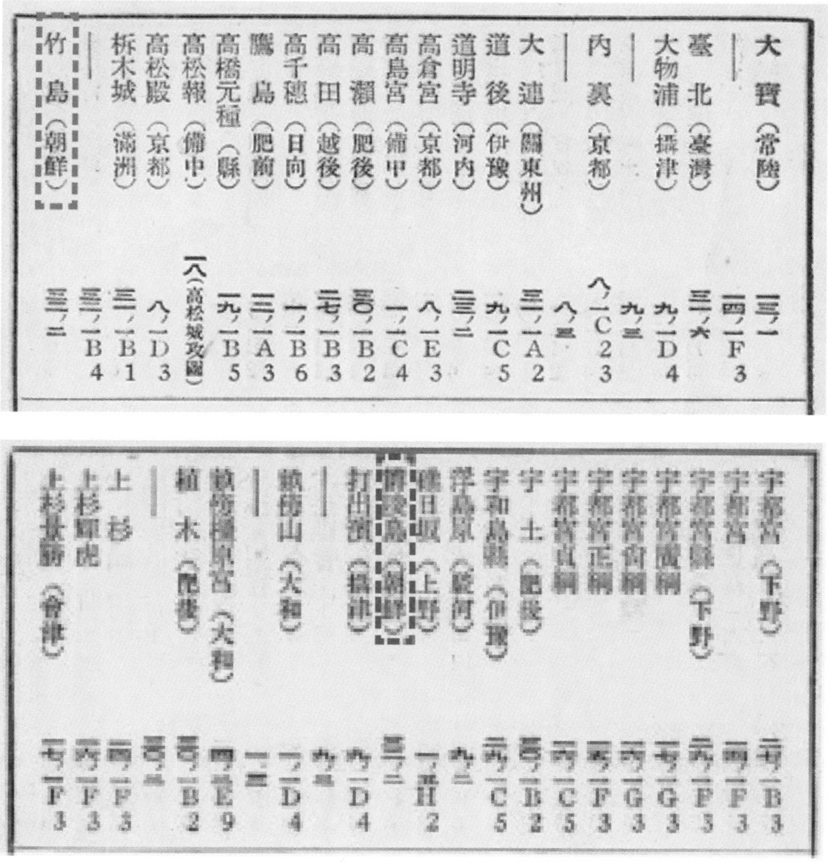

자료: 芝盛葛(1931).

일본은 1894년 청일전쟁의 승리, 1897년 타이완의 식민지화, 1905년 러일전쟁에서의 승리, 그리고 1910년에는 대한제국을 식민지화하며 그들의 세력을 팽창시키고 있었다(박석순 외, 2008). 그 후 1914년에서 1918년 사이의 제1차 세계대전은 일본 경제에 엄청난 호재로 작용하였다(Gordon, 2003). 제1차 세계대전이 끝난 후 1919년 파리강화회의에 참석한 일본은 독일령 남양군도(현재의 미크로네시아)를 사실상 지배하게 되었고, 1921년 워싱턴 회의 결과 동아시아에는 3국(미국, 영국, 일본)을 중심으로 하는 국제질서가 새로이 형성되었다(구태훈, 2002). 이렇게 구미 열강들과 마주하게 된 일본은 초기에는 국제 질서에 적응하는 듯했으나, 점점 이해 관계가 틀어지게 된다(Hall, 1970). 1930년대에 이르러 일본에서는 군부의 대두와 함께 정당 정치는 저물며 군국주의 시대가 열리게 되었다(河合敦, 1997).

[그림 9-13] 「일본해해전도」에 표현된 울릉도와 독도

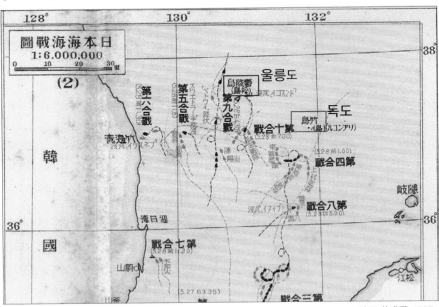

자료: 芝盛葛, 1927.

지금까지 살펴본 바와 같이 일제강점기에 식민지였던 우리나라의 영토는 일본인들에게는 곧 그들의 영토이기도 했겠지만 『일본역사 지도』와 『신편일본역사 지도』에서 울릉도와 독도는 명백히 그 소속이 '조선'으로 표기되어 있다. 식민지의 영토를 어떻게 표기해도 상관이 없었을 시기에 일본에서 펴낸 역사 지도집에 이러한 방식의 표기는 일본이 울릉도와 독도를 기본적으로 한국의 영토로 인식하고 있었음을 잘 드러내어 주는 사례라 할 수 있다.

요컨대 황실 사학자에 의해 철저한 고증을 거쳐 제작되었을 일본의 역사 지도집에 울릉도와 독도가 조선의 소속으로 표기되어 있었다는 것은 1905년에 독도가 시네마현에 불법적으로 편입된 일이 일본의 역사 지도에 반영될 만큼의 정통성과 합법성을 지닌 것으로 보기 어렵다는 것을 반증하는 것임을 알 수 있다.

# 에필로그

일본은 먼 옛날부터 한반도를 통해 대륙의 문화를 받아들였으며, 한일 간 교류의 역사는 고대까지 거슬러 올라간다. 그러나 가장 가까운 이웃임에도 불구하고, 일본은 한반도에 대한 침략을 끊임없이 감행하였다. 일찍이 서구 세계로부터 신무기와 근대 문물을 받아들인 일본은 임진왜란을 일으켰고, 19세기 후반 무렵에는 서구 열강들의 식민지 쟁탈전에 가세하여 주변국들에 대한 침략의 의지를 노골적으로 드러내었다.

19세기 말, 일본에서는 조선을 어떻게 바라보고 있었을까? 당시 일본 최고의 사상적 지도자로 인식되었던 후쿠자와 유키치(福澤諭吉 1835~1901)는 1887년 1월 6일, 「조선은 일본의 울타리다」라는 제목의 사설을 통해 조선을 일본 열도의 최전방 방어선으로 상정하고, 조선이 바로 일본의 침략 대상임을 암시하였다. 같은 해 3월, 일본 제국의 육군 원수이자 일본 총리를 두 번이나 지냈던 야마가타 아리토모(山縣有朋, 1838~1922)는 그의 책 『외교정책론』을 통해 "우리나라 이익선의 초점은 조선이다. 시베리아 철도는 이미 중앙아시아에 이르고, 수년 후 시베리아 철도가 완성되면 러시아 수도를 떠나 십수일 후에 흑룡강에서 말에게 물을 먹일 수 있으며, 조선에서는 많은 사건이 일어날 것을 잊어서는 안 된다."라고 언급하는 등 이미 일본은 조선을 그들의 방패막이 삼아 대륙으로 진출하려는 야심을 노골적으로 드러내기 시작하였다.

한편 19세기에 일본은 한반도의 병합과 대륙 진출에 주된 관심을 보였던 반면, 한국 동해상에 있는 울릉도나 독도에 대해서는 별 관심이 없었다. 그 결과 세계지도를 제작하는 과정에서 의문의 섬 '아르고노트'를 무비판적으로 따라 그리면서 정작 독도의 실체와 명칭에 대해서는 망각하는 등 당시 일본의 독도에 대한 무지가 지도 제작에 적나라하게 드러났던 것이다.

1945년 일제에 의한 35년 간의 식민통치가 막을 내렸지만, 이는 일제의 자발적인 철수가 아닌 태평양전쟁에서 패한 일본이 어쩔 수 없이 받아들일 수밖에 없었던 결과였다. 전쟁에서 패한 일본은 그들이 불법적으로 취한 모든 영토를 본래의 상태로 반환해야 함에도 불구하고 독도에 관해서는 집요하게 영유권을 주장하고 있는데, 이러한 일본의 행태에 대해 어떻게 대응해야 하는가?

17세기 후반, 안용복의 도일과 관련된 자료로부터 19세기 후반부의 태정관지령에 이르기까지 일본 측에서는 일관되게 독도를 조선의 영토로 인식하고 있었으며, 더욱이 19세기에 일본에서 본격적으로 세계지도를 제작하던 시기에는 독도에 관해 치명적인 무지함을 보였는데도 불구하고 오늘날 독도에 대한 영유권을 주장하는 것은 순수한 투쟁과는 거리가 멀고, 오히려 일본 제국주의적 망령이 되살아나는 또 다른 형태의 침략으로 규정할 수밖에 없다.

흔히 일본 사람들은 침착하고 꼼꼼하다는 긍정적인 평가가 많다. 그렇다면 일본 정부에 대해서는 어떠한가? 타국의 영토를 탐내고, 무분별한 침략을 일삼는 등 여전히 팽창주의적 야망을 갖고 있는 것인가? 오늘날 일본에서 독도에 대한 영유권을 주장하거나 다케시마 교육을 강화하는 등 일련의 행태들은 일본 정부의 비뚤어진 대외 정책을 반영하는 것으로 볼 수 있다.

2차 세계대전을 일으킨 전범국으로서 독일과 일본이 종종 비교되는데, 독일은 철저한 반성과 화해를 위한 노력으로 오늘날 긍정적인 평가를 받는 반면, 일본의 정치 지도자들은 야스쿠니 신사에 참배하는 등 그들이 과거에 저지른 침략전쟁에 대한 반성보다는 그들의 과오를 정당화하고 미화하는 듯한 인상마저 들게 한다.

일제에 의해 저질러진 난징 대학살이나 소위 군 위안부 문제에 대해서도 일본 정부의 태도는 이해하기 어려울 정도로 무책임하고 반인륜적이며, 일본의 군사력 강화 등 최근의 움직임은 그들 안에 존재하고 있는 침략의 본성이 다시 되살아나고 있는 것은 아닌지 의심이 들 정도이다.

이러한 일본이 독도는 그들의 고유한 영토라고 주장하고 있는데, 이러한 일본의 행태에 대해 우리는 어떻게 대응해야 하나? 일본이 하는 그대로 그들과 유사한 방식으로 대응하는 것이 최선인가? 절대로 그렇게 하는 것은 우리에게 유익함이 없다. 제3자가 보기에는 한국과 일본 간의 싸움으로 밖에는 보이지 않을 것이며, 이는 오히려 일본 측에서 의도했던 시나리오대로 끌려갈 가능성이 있다.

우리는 한일 간의 갈등적 프레임에서 벗어나야 한다. 다시 말하면, 독도 영유권에 관한 문제가 한일 간의 갈등적 이슈로 보여져서는 안 되며, 일본이 과거로부터 저지른 수많은 문제 속에 독도 이슈를 함께 담아서 일본의 부정적인 행태가 국제사회로부터 지탄을 받는 구도를 유지할 필요가 있다. 예컨대 일제에 의해 저질러진 대학살, 생체 실험, 야스쿠니 신사참배, 위안부 문제 등의 카테고리 안에서 일본의 독도 도발 이슈를 함께 다룰 필요가 있다. 그래야지 우리가 일본의 페이스에 말리지 않고, 국제적인 공감과 여론의 도움을 받으면서 우리의 목소리를 외부에 낼수 있게 될 것이다.

일본의 선량한 시민들과 학자들은 일본 정부의 무모하고 헛된 망상에 현혹되지 말고, 일본 정부가 정도를 걸어갈 수 있도록 질책하고 깨우쳐 주어야 할 것이다. 그리하여 한일 간의 오랜 교류와 우정의 역사를 지켜 가고, 상호 신뢰 속에서 공동 번영의 새로운 시대를 열어갈 수 있기를 기원한다.

# 동해와 독도를 지키려는 한국인들의 노력

1953년 6·25전쟁 직후 한국산악회 대원들은 일본 사카이[境] 해상보안부에 의해 설치된 표주를 제거했다. 이 표주에는 독도가 시마네현 소속이라고 적혀 있다.

1950년 6·25전쟁이 벌어지면서 한반도가 다시 혼란에 빠지자 일본은 다시 독도를 노렸다. 이에 독도를 지키기 위해 자발적으로 모인 한국인들이 독도 수호에 앞장섰다. 이 중 울릉도 청년들이 모여 독도 의용수비대를 결성했다. 이들은 열악한 장비로 독도에 접근하려는 일본 순시선 등과 총격전을 벌이며 독도를 지켜냈다.

이들이 이렇게 목숨을 걸고 독도를 지킨 것은 한국인들에게 독도가 특별한 의미를 지녔기 때문이었다. 독도는 한반도가 일본 제국주의로부터 침략을 받았을 때 제일 먼저 침탈을 당했다가 광복과 함께 되찾은 땅이다.

동해와 독도를 지키려는 한국인들의 노력

사진 제공 : 박영희

독도 의용수비대, 독도 경비초사 및 표석 제막 기념 1954. 8. 28

# 보고싶다, 강치야

강치는 바다사자과의 동물로 동해 연안에 살고 있었지만, 지금은 멸종되어 그 모습을 볼 수 없다. 강치가 사라진 주된 이유로 1900년대 초 가죽을 얻기 위한 일본 어부들의 무차별적인 수렵을 꼽고 있다. 최근 국내에서는 강치를 다시 독도로 돌아오게 하려는 강치 복원 사업이 환경단체와 시민단체를 중심으로 이루어졌고, 정부도 이 뜻에 함께 하고 있다. 사라진 강치, 동해 바다에서 헤엄치는 모습을 다시 볼 수 있을까?

독도 강치를 포획하는 일본 어민들 1930년대, 오키(隱岐) 향토관 소장

독도에서 새끼 강치를 안고 있는 제주 해녀, 김공자 1950년대, 윤미경(독도의병대 총무) 제공

# 독도의 사계와 비경

봄

여름

가을

겨울

사진제공: 동아지도

사진제공: 동아지도

사진제공: 동아지도

## 독도의 생태계

1. 도요새  2. 갈매기  3. 황로  4. 딱새

1. 갯장대  2. 섬기린초  3. 참나리  4. 민들레

# 찾아보기

**[참고문헌]**

강인욱, 2011, 고조선의 모피무역과 명도전, 한국고대사연구, 64, 243-284.

구태훈, 2002, 「일본역사탐구」, 태학사, 서울.

김문기, 2007, 17세기 강남의 소빙기 기후, 명청사연구, 27, 229-268.

김연옥, 1984, 한국의 소빙기 기후, 지리학과 지리교육, 14, 1-16.

김연옥, 1996, 역사속의 소빙기, 역사학보, 149, 253-265.

김종연, 2012, 20세기 초반 영국 정부와 지도학자들이 수집한 한국 관련 지도 자료에 대한 고찰, 한국지도학회지, 12(1), 85-102.

김학준, 2010, 독도연구, 동북아역사재단.

국토지리정보원, 2007, 외국 고지도에 표현된 우리나라 지도 변천과정 연구.

남영우, 1995, 임자평의 조선팔도지도 연구, 民族文化研究, 28, 333-344.

남영우, 2012, 일제의 한반도 침략사, 법문사.

남영우, 2012, 독도에 대한 일본의 지도제작과 측량, 영토해양연구, 7, 26-51.

남영우·김부성, 2009, 독일 지도학자 Siebold의 생애와 업적, 한국지도학회지 9(1), 1-12.

박경, 2015, 근대 유럽 지도에 나타난 우리나라 지명 표기의 변천에 대한 연구, 한국지도학회지, 15(2), 25-37.

박경·장은미, 2012, 1700년대 후반부터 1800년대 말까지 한국 수로조사에 미친 서양의 영향: 해안가 지명과 해저지명을 중심으로, 한국지도학회지, 12(3), 17-25.

박지배, 2019, 러시아 대중국 국경의 형성과 접경성: 네르친스크-캬흐타 국경 체제, 역사문화연구, 71, 65-104.

비숍, 이사벨라 버드(이인화 역), 1996, 한국과 그 이웃나라들, 살림.

독도사전편찬위원회 편, 2019, 개정증보판 독도사전, 한국해양수산개발원.

동북아역사재단, 2014, 전함 팔라다, 동북아역사재단 번역 총서-34.

박석순·손승철·신동규·서민교, 2008, 「일본사」, 서울: 대한교과서(주).

서정철, 2013, "서양 고지도가 증명하는 독도 영유권," 독도연구, 15, 123-142.

서정철·김인환, 2010, 지도 위의 전쟁: 고지도에서 찾은 한중일 영토문제의 진실, 동아일보사.

성승제, 2016, 변경과 국제경제법: 아이누 그리고 무역, 무역보험연구, 17(3), 229-256.

안동립·이상균, 2020, 독도에 새겨진 '한국', '한국령' 암각문의 주권적 의미와 보존방안, 영토해양연구, 20, 6-29.

안옥청·이상균, 2018, 프랑스 탐사선 카프리시으즈호의 동해 탐사와 지도제작, 한국지도학회지, 18(2), 107-123.

안옥청·이상균, 2019, 크림전쟁 시기 영불 연합 함대의 독도 재발견과 독도 존재의 공식화: 호넷호와 콩스텅틴호의 행적을 중심으로, 한국지도학회지, 19(3), 1-13.

오상학, 2015, 한국 전통 지리학사, 들녘.

오상학, 2011, 조선시대 세계지도와 세계인식, 창비.

오오니시 토시테루(권정 역), 2011, 안용복과 원록각서, 한국학술정보(주).

옥선종, 1983, 17-18세기 영국무역경영사에 대한 연구: 허드슨만 회사의 경영을 중심으로, 사회과학논문집, 14, 151-159.

이돈수, 2006, 서양고지도에 나타난 한국해(동해) 명칭과 바다 경계: 16세기 이후 1830년대까지 변화 양상을 중심으로, 한민족연구, 1, 79-104.

이명희, 2011, 청 강희 시기(1662-1722) 전국지도 제작에 대한 고찰, 문화역사지리, 23(2), 104-118.

이서영·이상균, 2018, 남·북한 역사 교과서의 독도관련 내용분석, 독도연구, 24, 261-294.

이상균, 2015, 세계지도 제작에 반영된 19세기 일본의 울릉도·독도 인식, 문화역사지리, 27(1), 15-32.

이상균, 2016, 19세기 극동에서의 Map Trade와 일본의 독도인식, 독도연구저널, 36, 21-35.

이상균, 2017, 시볼트의 「한국전도」속 독도 명칭이 독도영유권 논거에 주는 함의, 한국지도학회지, 17(2), 1-9.

이상균, 2019, 17-19세기 조선의 독도 인식과 지도표현의 변천사, 한국지도학회지, 19(2), 1-15.

이상균·김종근, 2018, 영국 상선 아르고노트호의 동해 항해와 '의문의 섬' 발견, 한국지도학회지, 18(3), 23-32.

이상균·안동립, 2019, 안용복의 울릉도 도해 및 도일경로에 대한 비판적 고찰: 영토교육용 학습자료의 재구성을 중심으로, 독도연구, 27, 73-121.

이상균 외, 2014, 지도와 사진으로 보는 동해와 독도, 동북아역사재단.

이상균 외, 2018, 『독도 영토주권과 해양영토』, 동북아역사재단.

이상균 외, 2018, 『일본의 독도영유권 주장의 허상』, 동북아역사재단.

이상균 외, 2018, 『이방인이 바라본 우리땅 독도』, 동북아역사재단.

이상균·최희, 2019, 북한의 「조선역사 지도첩」 내용구성 특성 분석, 한국지리학회지, 8(3), 449-462.

이상균·최희·임은진, 2017, 2013 개정 북한 지리교과서에 제시된 독도 관련 내용 분석, 한국지리학회지, 6(2), 113-125.

이상태, 1999, 한국 고지도 발달사, 혜안.

이진명, 2005, 독도 지리상의 재발견, 삼인.

이태진, 1996, 소빙기(1500-1750) 천변재이 연구와 조선왕조실록: global history의 한 장, 역사학보, 149, 203-236.

임종욱 외, 2010, 중국역대 인명사전, 이회문화사.

정성화·이돈수·김상민, 2007, 외국고지도에 표현된 우리나라 지도 변천과정 연구, 국토지리정보원.

정세진, 2018, 19세기 시베리아 횡단철도 건설의 과정과 목적: 경제적, 산업적 가치를 중심으로, 한국 시베리아연구, 22(2), 117-147.

장상훈 역(개리 레드야드 저), 2011, 한국 고지도의 역사, 소나무.

정영미, 2015, 일본은 어떻게 독도를 인식해 왔는가, 한국학술정보.

정인철, 2014, 프랑스 왕실과학원이 18세기 유럽의 중국 지도에 미친 영향, 대한지리학회지, 49(4), 585-600.

정인철·Roux, Pierre-Emmanuel, 2014, 프랑스 포경선 리앙쿠르호의 독도 발견에 대한 연구, 영토해양연구, 7, 146-179.

정인철, 2015, 한반도, 서양 고지도로 만나다, 푸른길.

제아름, 2017, "국립해양박물관 소장자료 소개: 페리제독의 중국과 일본, 필리핀지도," 해항도시문화교섭학, 17, 359-373.

존 레니 쇼트(김영진 역), 2015, 지도 밖으로 꺼낸 한국사, 서해문집.

최재영·이상균, 2017, 일본의 역사 지도에 반영된 한국의 영토와 일본의 한국 인식: 「일본역사 지도」

(1927), 「신편일본역사 지도」(1931)를 사례로, 한국지도학회지, 17(1), 1-13.

최재영·이상균, 2018, 「개정일본여지노정전도」의 제작배경과 독도영유권적 가치, 한국지리학회지, 7(3), 387-397.

한상복, 1980, 레 뻬루즈의 세계일주 탐사항해와 우리나라 근해에서의 해양조사활동, 한국과학사학회지, 2(1), 48-59.

함규진, 2014, 조약의 세계사, 미래의창.

홍익희, 2012, 역사를 움직인 모피의 경제사, 퍼플.

홍성근·문철영·전영신·이효정, 2010, 『독도! 울릉도에서는 보인다』, 동북아역사재단.

日外アソシエーツ(니치가이 아소시에-츠) 편, 2004, 「20世紀日本人名事典大型本」, 日外アソシエーツ.

東京国立文化財研究所美術部(도쿄문화재연구소미술부) 편, 1957, 日本美術年鑑 昭和31年版, 東京国立文化財研究所.

葉夢珠, 康熙 28年(1689), 『閲世編』, 券 1, 災祥.

汪前進·劉若芳, 2007, 清廷三大實測全圖集, 外門出版社.

河合敦(카와이 아츠시), 1997, 「早わかり日本史」, 日本実業出版社.

下山晃, 2005, 『毛皮と皮革の文明史世界フロンティアと掠奪のシステム 』, ミネルヴ書房.

Alexandra David-Néel et al., 2007, La Corée, le voyage vers l'Est, Editions La Bibliothèque.

Alonso Sánchez Coello, 1577–1579, La dama de armiño, Pollok House, Glasgow.

Archives Nationales, Section Marine (Vincennes): CC5 611: Pêche. de la baleine. Déclaration de retour et interrogation des équipages(1840~1854).

Arrowsmith, A., 1825, Outlines of the World. London.

Bergasse du Petit-Thouars, A.N.G.H., 1906, Le vice amiral Bergasse du Petit-Thouars, d'après ses notes et sa correspondance 1832-1890, Paris: Perrin.

Champion, J.M., 2016, Dumont D'Urville Jules Sébastien (1790-1842), in Dictionnaire des Explorateurs et des Voyageurs, Encyclopaedia Universalis France, http://www.universalis.fr/encyclopedie/jules-sebastien-dumont-d-urville/

Chaplin, Joyce E.(이경남 역), 2012, 세계 일주의 역사, ㈜레디셋고.

Forsyth, C. C., 1855, Log of H.M. Steam Vessel 'Hornet', for the period commencing 16th of January 1855 ending 4th of August 1855, The national archives, Kew 소장.

Forsyth, James(정재겸 역), 2009, 시베리아 원주민의 역사, 솔.

Gordon, A.. 2003, A modern history of Japan: from Tokugawa times to the present, New York: Oxford University Press.

Gouttman, A., 1995, La guerre de Crimée: 1853-1856, Paris, SPM, coll. Kronos.

Hailly, Ed. du, 1858, Une Campagne dans l'Océan Pacifique. II. Les escadres alliées dans les mers du Japon et de Tartarie à la poursuite de l'escadre russe en 1855, Revue des deux mondes, 2e période, tome 17, 169-198.

Hall, J. W., 1970, Japan: from prehistory to modern times, Tokyo: Charles E. Tuttle Co.

Hamilton, James Scott, 2000, Dynamics of Social Complexity in Early Nine□teenth-Century

British Fur-Trade Posts, Interna–tional Journal of Historical Archaeology, 4(3), 217-273.

Howay, F.W. ed., 1940, The Journal of Captain James Colnett aboard the Argonaut from April 26th 1789 to November 3rd 1791, Toronto: The Champain Society.

Hydrographic office of the admiralty, 1855, Japan: Nipon, Kiusiu and Sikok, and a part of the coast of Korea, Hydrographic department, J&C Walker (Firm), London Library of Congress 소장.

James Colnett, 1968, The journal of Captain James Colnett aboard the Argonaut from April 26, 1789 to Nov. 3, 1791, Champlain Society publication.

John Robinson, George Francis Dow, 1922, The Sailing Ships of New England 1607 – 1907, Marine Research Society, Salem, Mass.

Klein, J.-F., 1995, Historique de l'Arsenal de Toulon, Toulon, Marine Nationale, 10.

Klinghoffer, Arthur Jay, 2006, The power of projections : how maps reflect global politics and history, Praeger.

Lamb, Hubert H., 1982, Climate, History and the Modern World, Methuen.

Laughton, J. K., 2004, 'Broughton, William Robert, naval officer, (1762–1821)', rev. Roger Morriss, Oxford Dictionary of National Biography, Oxford University Press.

Le Constitutionnel: journal du commerce, politique et littéraire, 1850년 2월 15일, http://gallica.bnf.fr/ark:/12148/bpt6k668842g/f2.image.r=capricieuse%20rocquemaurel?rk=21459;2

Le dépôt général de la Marine, 1850, Annales hydrographiques, recueil d'avis, instructions, documents et mémoires relatifs à l'hydrographie et à la navigation, Tome Quatrième, Paris, Imprimerie administrative de Paul Dupont, 17.

Le dépot des cartes et plans de la marine, 1854-1855, Annales hydrographiques, 10, 155-156, 262, 332.

Le dépot des cartes et plans de la marine, 1856, Annales hydrographiques, 11, 20-21.

Le dépot des cartes et plans de la marine, 1858, Annales hydrographiques, 13, 180.

Le dépot des cartes et plans de la marine, 1861, Annales hydrographiques, 16, 62-63.

Le dépot des cartes et plans de la marine, 1864, Carte des îles et mers du Japon d'après les documents les plus récents, BNF 소장.

Li, Jin-Mieung, 2010, Dokdo : a Korean island rediscovered, Northeast Asian History Foundation.

Maejima, I., 1983, Climate of Little Ice Age in Japan, Geographical Reports of Tokyo Metropolitan University, 18, 91-115.

Maury, W.L., Bent, S. & Ackerman, J., 1855, 「Map of the Japan Islands: copied from von Siebold's with slight additions & corrections」, by the U. S. Japan Expedition and other authorities, National Library of Australia 소장.

Maury, W.L. & Bent, S., 1855, 「Chart of the coast of China and of the Japan Islands including the Marianes and a part of the Philippines」, National Library of Australia 소장.

Mawer, G.A., 2017, South Sea Argonaut: James Colnett and the Enlargement of the Pacific

1772-1803, Melbourne: Australian Scholary Publishing Ltd.

Mercier, V., 1889, Campagne du Cassini dans les mers de Chine, 1851-1854: D'après les rapports, lettres et notes du commandant de Plas, Paris: Retaux-Bray.

Mouchez, E., 1854, 「Reconnaissance hydrographique de la côte orientale de Corée et d'une partie de la Tartarie chinoise, reconnue par la Capricieuse」, Bibliothèque nationale de France 소장.

Nam, Y.W., 1995, A Study on 'Lim japyong's 'chosonpaldojido', Korean Classics Studies, 28, 333-344.

Pasquier, J. T., 1982, Les Baleiniers français au XIXème siècle, 1814~1868, Grenoble: Terre et Mer.

Perry, M.C., 1856, Perry Narrative of the expedition of an American squadron to the China seas and Japan, performed in the years 1852, 1853, and 1854, under the command of commodore M.C.Perry, United States navy, by order of the government of the United States: compiled from the original notes and journals of commodore Perry and his officers at his request and under his supervision by Francis L. Hawks, Washington: B. Tucker.

Rath, Andrew C., 2011, The global dimensions of Britain and France's Crimean War naval campaigns against Russia, 1854-1856, McGill University, Montreal, 254-256.

Rocquemaurel, G. de, 1854-1855, Renseignements nautiques recueillis par la Capricieuse, dans sa navigation de Shang-haï à Guam, à travers la mer du Japon et le détroit de Matsmaï(juillet, août et septembre 1852), Annales hydrographiques, recueil d'avis, instructions, documents et mémoires relatifs à l'hydrographie et à la navigation, tome 10, Le dépôt des cartes et plans de la marine, France.

Rolland-villemot, B., 2016, La guerre de Crimée et le Traité de Paris: un enjeu géopolitique en Méditerranée, Cahiers slaves, n° 14, Les chemins d'Odessa, 123-133.

Ronze, J., 2009, La Capricieuse: Voyage autour du monde à bord de la corvette de premier rang–Journal de bord(1850-1854), Lyon: EMCC.

Siebold, Philipp Franz von, 1832, Nippon VII: Manners and customs of the Japanese, Leyden, 521.

Simpkin, Marshall, and Co., 1855, Islands in the sea of Japan, in The Nautical magazine and naval chronicle for 1855: a journal of papers on subjects connected with maritime affairs, 24, 602.

Stéphanie L.C., and Zanco, J.P., 2013, A disillusioned explorer: Gaston de Rocquemaurel or the culture of French naval scholars during the first part of the 19th century, Terraeincognitae, 45(2), 113-127.

Tracy, Nicholas, 2006, Who's Who in Nelson's Navy, London: Chatham Publishing.

Université de Paris I. Centre de recherches d'histoire nord-américaine, 1985, L'Emigration française. Etudes de cas: Algérie, Canada, Etats-Unis, Paris: Publications de la Sorbonne.

Véron, P., 2016, Dictionnaire des astronomes français 1850-1950, www.obs-hp.fr/dictionnaire/

Wang, S., 1992, Climate of the Litttle Ice Age in China, Proceedings of the International Symposium on the Little Ice Age, 116-121.

William Robert Broughton, 1804, A Voyage of Discovery to the North Pacific Ocean: in which the coast of Asia, from the Lat. of 35° North to the Lat. of 52° North, the Island of Insu, the Lieuchieux and the Adjacent Isles, as well as the coast of Corea, have been examined and surveyed, London.

Yi, S.-K., 2013, Une discipline entre nation et empires: Histoire de la geographie scolaire en Coree, 1876-2012, PAF.

Yi, S., 2017, The Map Trade and the Discovery of Dokdo in the Far East in the 19th Century, Asia-Pacific Journal of Marine Science&Education, 7(2), 25-41.

Zanco, J.P., 2008, L'héritage oublié de Dumont d'Urville et des explorateurs du Pacifique: les voyages de Gaston de Rocquemaurel, 1837-1854, Colloque international consacré aux grandes expéditions françaises des XVIIIe et XIXe siècles, de Bougainville à Dumont d'Urville, dans le Pacifique, October 17-18, Le musée national de la Marine.

[지도, 고사료]

Alexander Keith Johnston, 1884, 「China and Japan」, England.

Alexey Bogolyubov, 1847, The Russian frigate Pallada, Central Naval Museum, St. Petersburg, Russia.

Ambroise Tardieu, 1821, 「Carte de L'Asie」, France.

Anonymous, 1805, Carte du Japon pour le voyage de Krusenstern, BNF 소장.

Arrowsmith, A., 1798, The Chart of the Pacific Ocean, London, Possession at the Bibliothèque nationale de France.

Arrowsmith, A., 1811, Map of the Island of Japan, Kurile &c. with the Adjacent Coasts of the Chinese Dominions and a Sketch of the River Amoor and the Baikal Lake Including the Trading Posts of Russia and China and their relative situations with Peking, London, Possession at the British Library.

Augustus Herman Petermann, 1886, 「CHINA(ÖSTL.THEIL), KOREA UND JAPAN」, Germany.

Augustus Petermann, 1858, 「Die aufnahmen der süd Küste der MANDSCHUREI」, Germany.

Bernard, Jean-Frédéric éd., 1725, Recueil de voyages au Nord, contenant divers mémoires très utiles au commerce & à la navigation, Library of Congress.

British Navy hydrographic chart, 1863, Japan-Nipon, Kiusiu & Sikok and part of Korea, London.

Bureau de la Marine, Navire de guerre français, Le Constantine, 1856, «de la roche Liancourt, Renseignements nautiques, vol. 10.

Carl Dierke, 1896, Hinter-Asien, Schul-Atlas, George Westermann, 독일.

Conzen, M. P. (Ed), 1984, Chicago Mapmakers: Essays on the Rise of the Chicago Map Trade, Chicago Map Society.

David Burr, 1835, 「Chinese Empire and Japan」, USA.

Edney, M. H., 2002, The Map Trade in the Late Eighteenth Century: Letters to the London Map Sellers Jefferys & Faden, Edited by Mary Pedley, Imago Mundi, 54, 160-161.

Frederic Remington, 1891, The Courrier du Bois and the Savage, Sid Richardson Museum.

Forsyth, C. C., 1855, Log of H.M. Steam Vessel 'Hornet', for the period commencing 16th of January 1855 ending 4th of August 1855, The national archives, Kew 소장.

George Tobin, 1791, Sketches on H.M.S. Providence, 1791-1811, New South Wales State Labrary.

Herbert, F., 1983, The royal geographical society's membership, the map trade, and geographical publishing in Britain 1830 to ca 1930: An introductory essay with listing of some 250 fellows in related professions., Imago Mundi, 35, 67-95.

Jacques Bellin, 1750, 「Carte du katay ou Empire de Kin」, Italy.

James Wyld, 1827, 「Asia」, England.

Jan Bernard Elwe, 1792, 「Partie de la nouvelle grande carte des Indes Orientales, contenant les Empires de las Chine & du Japon, les Isles Philippines, Couchin, & les Isles Marianes」, Netherland.

Jean Baptiste Bourguignon d'Anville, 1735, 「Royaume de Corée」, France.

Jean-Baptiste Bourguignon d'Anville, 1735, 「Nouvel Atlas de la Chine, de la Tartarie chinoise et du Tibet」, France.

J. Migeon, 1885, 「Inde, Chine, Indo-Chine et Japon, England.

Johann Tobias Mayer, 1749, 「Carte générale de la Tartarie chinoise et dee royaumes de Corée et de Iapan」, Germany.

John Arrowsmith, 1847, 「IMPERO DEL GIAPPONE」, Italy.

John Bartholomew, 1879, 「Oceania and Pacific Ocean from Admiralty Surveys」, UK.

John Thomson, 1817, 「COREA AND JAPAN」, UK.

Joseph Hutchins Colton, 1855, 「Colton's Japan : Nippon, Kiusiu, Sikok, Yesso and the Japanese Kuriles」, USA.

Jean François de Galaup, comte de La Pérouse, 1787, 「Carte des découvertes faites en 1787 dans les mers de Chine et de Tartarie」, France.

Lorsignol, G., 1885, 「Japon」, France.

Matteo Ricci, 1602, 坤輿萬國全圖, Tohoku University Library.

Mikhail Alexksandrovic von Pogio, 1895, 「KARTE von TIO-SIONJ oder KOREA」, Russia.

Pedley, M. S., 1981, The map trade in Paris, 1650–1825, Imago Mundi, 33, 33-45.

Philipp Franz Jonkheer Balthasar van Siebold, 1840, Karte vom Japanischen Reiche, Deutschland.

Robert de Vaugondy, 1750, 「L'Empire du Japon」, France.

Robert Dudley, 1649, Asia, Italy.

Robert Laurie & James Whittle, 1794, 「The Empire of Japan divided into seven principal parts and sixty-six kingdoms with the Kingdom of Corea」, England.

Terrell, C., 1985, The adoption of the Greenwich meridian by the British map trade, Vistas in Astronomy, 28, 211-215.

The Century Co. New York, 1911, 「JAPAN AND KOREA」, USA.

The National Geographic Magazine, 1945, 「JAPAN AND KOREA」, USA.

Vincendon-Dumoulin, C.A., 1845, 「Carte générale de l'océan Pacifique: expédition au pôle austral et dans l'Océanie」, Muséum national d'histoire naturelle 소장.

Vincendon-Dumoulin, C.A., 1851, 「Carte générale de l'océan Pacifique」, Bibliothèque nationale de France 소장.

Weimar Geographisches Institut, 1886, 「DAS SÜDÖSTLICHE ASIEN, ODER CHINA, JAPAN UND HINTER-INDIEN mit dem INDISCHEN ARCHIPELAGUS」, Germany.

William Faden, 1777, A map of the Inhabited Part of Canada from the French Surveys, with the Frontiers of New York and New England, Library of Congress.

Woodward, D., 1977, The Study of the Italian Map Trade in the Sixteenth Century: Needs and Opportunities, Newberry Library.

Woodward, D., 2007, The Italian map trade, 1480-1650, W: The history of cartography, 3(part 31), 772-803.

Worms, L., 2004, The Maturing of British Commercial Cartography: William Faden(1749-1836) and the Map Trade, The Cartographic Journal, 41(1), 5-11.

Worms, L., 2007, The London Map Trade to 1640, History of Cartography, 3, 1693-1721.

가쓰가이슈(勝海舟), 1867, 「대일본국연해도(大日本國沿海略圖)」, 일본, 교토대학교 도서관 소장.

김사형·이무·이회, 1402, 「혼일강리역대국도지도(混一疆理歷代國都之圖)」, 조선, 일본 류코쿠(龍谷) 대학 소장.

나가쿠보 세키스이(長久保赤水), 1779, 「개정일본여지노정전도」, 일본.

다카하시 가게야스, 1809, 「일본변계약도」, 일본.

러시아 해군성, 1857, 「조선동해안도」, 러시아.

모리 후사이(森楓繁), 1863, 『강호대절용해내장(江戶大節用海內藏)』의 「조선국도(朝鮮國圖)」, 일본.

사이키 히로나오(齊木寬直), 1905, 「한국전도(韓國全圖)」, 일본.

盛葛 芝 編, 1922, 『日本歷史地圖』, 明治書院 株式會社.

시미즈 미츠노리(淸水光憲), 1895, 「조선여지도(朝鮮輿地圖)」, 일본.

시볼트, 1832, 「일본변계약도」.

시볼트, 1840, 「조선팔도지도」.

오노 에니노스케(小野英之助), 1893, 「대일본국전도(大日本國全圖)」, 일본.

우치다 신사이(內田晉齊), 1872, 「대일본부현지도(大日本府懸地圖)」, 일본.

『원록9병자년 조선주착안 일권지각서(元綠九丙子年 朝鮮舟着岸 一卷之覺書)』, 1696, 일본, 무라카미 가문 소장.

육군참모국, 1875, 「아세아동부여지도(亞細亞東部輿地圖)」, 일본.

육군참모국, 1876, 「조선전도(朝鮮全圖)」, 일본.

율리우스 클라프로트(Julius Heinrich Klaproth), 1832, 「Carte des Trois Royaumes」, 프랑스.

이토 마사죠(伊藤政三), 1904, 「한국전도(韓國全圖)」, 일본.

일본 해군성, 1862, 「조선동해안도」.

「竹島方角圖(죽도방각도)」, 1836, 『竹島渡海一件記(죽도도해일건기)』, 일본, 일본국립공문서관 소장.

(주)한국아이엠유, 2001, 「독도 위성 영상」, Landsat ETM 위성영상.

작자미상, 1805, 「Carte du Japon pour le Voyage de Krusenstern」, BNF 소장.

클라프로트, 1832, 「삼국접양지도」.

태정관, 1877, 「기죽도약도(磯竹島略圖)」, 『태정관지령』, 일본, 일본국립공문서관 소장.

태정관, 1877, 『태정관지령(太政官指令)』, 일본, 일본국립공문서관 소장.

프랑스 군 지도 제작소(Le Service Geographique de l'Armee), 1904, 「강릉(Kang-Neung)」, 프랑스, 동북아역사재단 소장.

하마모토 이사부로(濱本伊三郎), 1904, 「극동일로청한사국대지도(極東日露淸韓四國大地圖)」, 일본.

하야시 시헤이, 1785, 「삼국접양지도」, 일본.

하야시 시헤이(林子平), 1785, 「삼국접양소도」, 일본.

하야시 시헤이, 1785, 「조선팔도지도」, 일본.

해군수로부, 1863, 「Japan and Korea」, 영국.

호사카 슈이치(穗坂秀一), 1904, 「극동전요지도(極東戰要地圖)」, 일본.

[편지]

1855년 7월 8일자 편지(n°372 de 1855), Archives nationales 소장.

1856년 10월 16일자 편지(sous série BB4), Service historique de la Défense 소장.

[인터넷 사이트]

구글지도, https://www.google.com/maps/

도쿄대학사료편찬소(東京大學史料編纂所) 홈페이지, http://www.hi.u-tokyo.ac.jp/

長久保赤水 顕彰會, http://nagakubosekisui.org/en/

두산백과, http://www.doopedia.co.kr

영국국립공문서관, http://www.nationalarchives.gov.uk.

위키피디아, https://en.wikipedia.org/wiki/

伊能忠敬 史料館, https://www.inopedia.tokyo/index.html

캐나다 인명사전, http://www.biographi.ca/en/bio/colnett_james_5E.html

프랑스국립도서관, http://gallica.bnf.fr

Bonhams, https://www.bonhams.com/

Fort Wiliam Historical Park, https://fwhp.ca

Geographicus Rare Antique Maps, https://www.geographicus.com/P/RareMaps/imray

Granger Historical Picture Archive, https://granger.com/index.asp
HD Historical Wallpapers, https://wallpaperaccess.com
Imray Nautical Charts & Books, https://www.imray.com/home/
Naval History and Heritage Command, https://www.history.navy.mil/
The French-Australian Dictionary of Biography, https://www.isfar.org.au/

# 19세기 일본 지도에
# 독도는 없다

초판 1쇄 인쇄  2021년  6월  15일
초판 1쇄 발행  2021년  6월  22일

지은이     이상균
펴낸이     박정태
편집이사   이명수              출판기획        정하경
편집부     김동서, 위가연
마케팅     박명준, 이소희       온라인마케팅    박용대
경영지원   최윤숙

펴낸곳     북스타
출판등록   2006. 9. 8 제313-2006-000198호
주소       파주시 파주출판문화도시 광인사길 161 광문각 B/D
전화       031-955-8787       팩스        031-955-3730
E-mail     kwangmk7@hanmail.net
홈페이지   www.kwangmoonkag.co.kr
ISBN       979-11-88768-39-4    03900
가격       16,000원